UN PROJET DE LOI

SUR LES

MAISONS A BON MARCHÉ

PAR

G. WAMPACH

(Extrait de la Science Catholique. 1893).

SUEUR CHARRUEY

IMPRIMEUR-LIBRAIRE-ÉDITEUR

ARRAS   PARIS

10, Rue des Balances   Rue de Vaugirard, 41

LA SCIENCE CATHOLIQUE, Revue des questions sacrées et profanes, paraissant le 15 de chaque mois en un fascicule format grand in-8° d'au moins 96 pages, fondée par M. l'abbé JAUGEY, continuée par M. l'abbé BROUSSE, docteur en philosophie, directeur au Séminaire Saint-Thomas, à Arras, secrétaire de la rédaction, 13° année en cours . . . . 12 fr

La SCIENCE CATHOLIQUE demeure fidèle au programme tracé par son fondateur M. l'abbé J.-B. Jaugey, de regrettée mémoire.

Son but est toujours de répandre parmi le clergé et les catholiques instruits la connaissance des réponses données aujourd'hui par la théologie et par les sciences profanes aux nombreuses objections dirigées contre les vérités chrétiennes, et aussi de travailler au développement des sciences sacrées, en signalant, au jour le jour, les progrès accomplis au sein des écoles catholiques.

Les Facultés Catholiques, les Grands Séminaires, les Ordres religieux fournissent à la SCIENCE CATHOLIQUE le plus grand nombre de ses collaborateurs.

D'autres, non moins estimables et non moins appréciés, lui apportent de France et d'ailleurs, le puissant concours de leur réputation et de leur savoir

Des BULLETINS nombreux et variés tiennent les lecteurs au courant des ouvrages et des articles publiés sur les matières les plus diverses, et les initient au mouvement intellectuel contemporain.

Ces indications sur le programme, les moyens d'action et la rédaction de la *Science Catholique* doivent suffire pour la recommander à l'attention et à la bienveillance des lecteurs catholiques. Voici du reste les noms des auteurs qui ont bien voulu apporter à la *Science Catholique*, leur précieuse collaboration

M. le chanoine Allègre, vicaire général de Meaux ; le R. P. Bainvel, S. J. ; M. l'abbé Bellamy ; M. l'abbé Bellouvet, ancien professeur des Hautes Études, R. P. Dom Besse, O. S. B. ; M. l'abbé Biguet ; M. le chan. Bourgeat docteur ès-sciences, doyen de la Faculté Catholique des sciences de Lille ; M. le Docteur Camelot, professeur à la Faculté Catholique de Lille ; M. le chan. Charpentier, secrétaire de Mgr l'Évêque de Carcassonne, M. l'abbé Chauvin supérieur du Petit séminaire de Mayenne ; M. Couette, professeur à la Faculté Catholique d'Angers ; M. Drillon, avocat à Lille ; M. l'abbé Dubois ; M. l'abbé Duflot ancien directeur de la Science Catholique ; le R. P. Fontaine, S. J. ; M. le chan. Forget, professeur à l'Université Catholique de Louvain ; M. l'abbé Guillemant, supérieur du Petit séminaire d'Arras ; Mgr Lamy professeur à l'Université Catholique de Louvain ; le R. P. Dom Legay, O. S. B ; M. Le Camus chanoine théologal de Carcassonne, vicaire général de Chambéry ; M. l'abbé Leuridan, archiviste à la Faculté Catholique de Lille ; M. l'abbé Mielle, professeur au Grand séminaire de Langres ; M. l'abbé de Moor, curé doyen de Deynze (Belgique) ; M. le chanoine Palis, aumônier des dames de St-Maur à Béziers ; M. le chanoine Pillet, doyen de la Faculté Catholique de Théologie de Lille ; le R. P. Ragey, Mariste ; le R. P. Dom Renaudin, O. S. B. ; M. le Docteur Surbled ; M. l'abbé Tresal, M. l'abbé Vieille-Cessay, professeur au Grand Séminaire de Besançon

La table des douze premières années de la *Science Catholique* sera incessamment mise sous presse. Le prix qui sera ultérieurement fixe sera aussi réduit que possible en faveur de MM. nos Abonnés

Les 12 premières années — net   72 francs.

A titre de spécimen quelques exemplaires de la 10 et 11 année sont cédés à net 1 fr. l'année brochée.

REVUE DE LILLE, neuvième année en cours, — deuxième année de la deuxième série — (Novembre 1898 à Novembre 1899).   12 fr

La **Revue de Lille** paraît le 25 de chaque mois en un fascicule d'au moins 96 pages, dans le même format que la **Science Catholique**

Le prix d'abonnement annuel précédemment de 20 fr est fixe à 12 francs pour la présente année (novembre 1898 à novembre 1899).

Afin que nos lecteurs puissent apprécier toute la valeur de cette revue, nous mettons à leur disposition au prix net de 2 fr. (2 fr. 60 franco) la VIII° et la IX° années (1re et 2e années de la 2e série) Nov. 1896 à Novembre 1898.

Abonnement simultané à la Revue de Lille et à la Science Catholique — 17 francs.

UN PROJET DE LOI

SUR LES

MAISONS A BON MARCHÉ

PAR

G. WAMPACH

(Extrait de la *Science Catholique*, 1899).

SUEUR-CHARRUEY

IMPRIMEUR — LIBRAIRE — ÉDITEUR

ARRAS   PARIS

10, Rue des Balances   Rue de Vaugirard, 41

UN PROJET DE LOI

SUR LES MAISONS A BON MARCHÉ

La question des Habitations à bon marché doit être rangée parmi **celles** dont se préoccupe à juste titre l'opinion publique. Comme la science économique et sociale, dont le problème des logements présente une des faces, et non la moindre, la question des Habitations ouvrières est **de** date relativement récente. Ce n'est pas que dans les âges qui nous ont précédés, le logement du pauvre n'ait donné lieu à de légitimes récriminations. Nos ancêtres souffraient de la pénurie et de l'exiguïté des logements.

Ils se contentèrent de faire quelques améliorations secondaires, et ne se rendirent aucun compte de la nécessité d'une réforme générale. À notre époque était réservé l'honneur de comprendre cette nécessité. On s'intéresse aujourd'hui davantage à tout ce qui touche au bien-être moral et matériel de l'ouvrier. D'un autre côté la grande industrie, en attirant dans les centres une population nombreuse, sans avoir préparé, comme il l'aurait fallu, la place requise pour l'abriter a aggravé jusqu'au point de le rendre insupportable le malaise antérieur.

Le mouvement réformateur qui tend à l'amélioration des petits logements a pris depuis une dizaine d'années une importance exceptionnelle. Les discussions politiques et confessionnelles, quel que soit leur degré d'intensité, semblent elles-mêmes s'évanouir en présence de cette question. Et à la vérité, le problème du logement n'est pas un problème comme tous les autres. Le salaire de l'ouvrier, ses conditions de travail, sa vieillesse, sa maladie, sa pension de retraite, les accidents dont il est victime dans l'exercice de sa profession, sont évidemment des sujets dignes d'attirer l'attention de tous les amis de la paix sociale. Mais aucun ne présente un intérêt aussi capital, aucun ne touche d'aussi près à la vie même du travailleur et à sa dignité que celui du logement. M. *Georges Picot* a eu raison de voir dans la question des Habitations à bon marché *le nœud de la question sociale.*

Les désastreuses conséquences des logements malsains ou trop étroits ont été maintes fois décrites de main de maître par d'éminents économistes. Nous n'avons pas à replacer sous les yeux de nos lecteurs le tableau écœurant d'une famille forcée de passer sa misérable existence dans un de ces bouges infects, dont les *Jules Simon*, les *Cheysson*, les *Rochart*, les *du Mesnil* et tant d'autres nous ont dévoilé la repoussante hideur. Dans l'introduction d'un excellent commentaire de la loi du 30 novembre 1894, un auteur récent a cru devoir stigmatiser en ces termes les funestes résultats engendrés par l'entassement des malheureux dans ces camps retranchés de la misère, connus sous le nom de *cours ouvrières*.

« La cour ouvrière, dit-il, était créée. La cour ouvrière ! Matrice du crime ; foyer d'épidémies ; refuge de la misère qui se cache, tant elle se sent horrible, loin du clair soleil et de la rue, où passe le flot joyeux des vivants ; pays où la pauvreté se sent chèz elle et voisine avec la pauvreté, et à force de ne voir que ses pareilles, laisse tomber les derniers voiles que la décence et le respect des autres retenaient sur ses épaules ; caverne où la vie a poussé à toutes ses épaves ; officine, où fermentent les germes de la révolution sociale ; carrefour, où la faim, le froid, la maladie, l'inceste sont campés à perpétuelle demeure, où les compagnies franches de la mortalité se fortifient ; ergastule, où jamais les yeux ne s'ouvrent sur quelque chose de doux, de riant et de beau ; repaire, où la charité ne s'aventure qu'en tremblant, parce qu'elle se sent impuissante et craint de semer l'injustice ; danger permanent enfin pour les cités imprévoyantes qui l'ont laissé s'établir et en tolèrent l'existence, la cour ouvrière est un démenti à toutes les idées de civilisation et de progrès, dont notre siècle se réclame (1). »

Il est malheureux que de telles descriptions ne puissent être taxées d'exagération ni d'inexactitude. Certes, le tableau est sombre ; la réalité l'est encore davantage. Pour s'en convaincre, on n'a qu'à franchir une seule fois le seuil inhospitalier d'une de ces cours ouvrières qu'on rencontre encore dans certaines grandes villes. A Lille nous avons jadis entrevu quelques-uns de ces réduits, contre lesquels la force publique et les lois paraissent impuissantes. De telles visites laissent dans l'esprit un souvenir ineffaçable.

Villermé, Blanqui et *Jules Simon* eurent les premiers le courage de poser le problème du logement devant l'opinion publique. Leur initiative hardie fut féconde. La *loi Siegfried* du 30 novembre 1894 termina la première phase du mouvement inauguré par ces philanthropes. Cette loi

(1) *Droulers :* La loi du 30 novembre 1894, Paris 1898.

nécessaire sous tant de rapports, n'a pas donné la solution définitive du problème. On peut même lui reprocher quelques imperfections inévitables dans toute œuvre qui fraie des voies nouvelles.

Elle eut néanmoins des effets heureux, et-elle en fait espérer d'autres plus nombreux dans un avenir peu éloigné. Les comités locaux qu'elle a fait surgir sur divers points du territoire français, bien qu'ils n'aient pas complètement répondu aux espérances de leurs créateurs, ont contribué à réaliser quelques progrès importants. Mais c'est surtout au *Conseil supérieur des Habitations à bon marché* que revient le mérite d'avoir donné à l'œuvre des Logements une impulsion féconde.

Nous trouvons là un des rares exemples, où la centralisation ait produit d'appréciables résultats. Pour que ce phénomène apparemment singulier et inaccoutumé n'étonne personne, relevons parmi les noms des membres de ce Conseil ceux de MM. *Siegfried, Cheysson, Challamel, Picot, Rostand, Paulet*, etc. Cette simple énumération a son éloquence ; elle montre que nous nous trouvons en face d'un organe vivant et agissant, dont les vigoureuses pulsations transmettent la vie jusqu'aux extrêmes limites du territoire français, et non pas en présence d'un organisme mort et inactif, dont seul le vaste cadre officiel masque l'anémie.

La Belgique, le pays aux initiatives hardies, souvent heureuses, n'est pas restée en arrière dans cette bienfaisante émulation de tous les gens de bien. Elle s'avance résolument dans la voie inaugurée par ses lois du 8 août 1889, du 30 juillet 1892, et du 18 juillet 1893. Les comités de patronage, qu'elle a mis à la base de son édifice législatif, ont bien mérité de l'œuvre à laquelle ils sont préposés.

Les congrès de Paris (1889) et de Bordeaux (1895) ont été suivis de la brillante assemblée de Bruxelles du mois de juillet 1897. Il serait intéressant de suivre l'évolution de l'idée des Habitations à bon marché à travers les belles joûtes oratoires de ces congrès internationaux, d'examiner les moyens indiqués par les hommes de valeur de tous les pays, pour venir en aide aux malheureux, et de se convaincre par cette étude, que des chemins divers peuvent parfois conduire à un but identique.

En cette matière surtout il est souverainement imprudent d'excommunier à la légère ceux qui ont le malheur de penser autrement que nous. Ce qui est bon à Paris ou à Londres, peut ne pas l'être à Lille ou à New-York ; les remèdes employés avec succès dans un pays risquent souvent d'être nuisibles dans un autre, sans que l'on en puisse toujours saisir facilement les raisons.

Au Congrès de Paris l'idée s'ébauche à grand'peine ; on sent plutôt qu'on ne voit ses futurs contours ; c'est l'aurore d'une grande et salutaire réforme, qui se dessine dans les cœurs avant de se manifester dans la réalité concrète des faits.

La *Société française des Habitations à bon marché* naît des délibérations de Paris ; cette société a été le berceau de la loi de 1894.

A Bordeaux, en 1895, l'idée a pris corps. Déjà les délégués des puissances étrangères peuvent rendre un compte-rendu élogieux du bien qui a été fait dans leurs patries respectives. Il n'y a plus guère d'État qui ne se soit donné une législation spéciale sur les Habitations à bon marché, quelle que soit d'ailleurs la manière dont chacun envisage son droit d'intervenir dans ces délicates matières. Un ministre, M. André Lebon, est assis au fauteuil présidentiel ; un autre se trouve dans les rangs des assistants. Le petit nombre d'hommes distingués que nous voyions à Paris, s'est considérablement accru ; autour des vétérans de la première heure se groupe l'élite de la philanthropie européenne ; l'Amérique elle-même a envoyé des représentants.

L'assemblée de Bordeaux accepte l'invitation, que *M. Lagasse* lui transmet au nom du gouvernement belge, de se réunir à Bruxelles à l'occasion de l'Exposition universelle de 1897.

Le Congrès de Bruxelles fut en tous points digne de ses devanciers ; il réussit au delà de toute attente. Ses travaux ont été favorisés par le gracieux concours du gouvernement belge, qui y était même représenté par quelques-uns de ses membres les plus distingués. En matière sociale et économique, les hommes d'État de ce pays ont pris l'habitude d'oublier leurs querelles de parti, pour ne plus penser qu'au bien-être et au salut des classes moins aisées.

M. A. Beernaert, l'ancien président du Conseil des ministres, dirigeait les débats. Il est dès lors superflu de dire que le Congrès de Bruxelles n'a pas été « une de ces parlottes dont il ne sort rien de bon » (1). Un résultat de la plus haute importance était acquis avant même que l'assemblée ne se fût séparée. Dans sa séance du 25 juillet, le Congrès adopta à l'unanimité des voix un vœu de *MM. Cheysson* et *Lagasse de Locht,* tendant à la constitution d'un *Comité permanent international des Habitations à bon marché,* destiné à servir de lien entre les comités nationaux des différents pays.

« Les comités internationaux, disait *M. Cheysson* dans une éloquente improvisation, sont de courte durée ; ils sont brillants et jettent un vif éclat, mais à la façon d'un de ces météores, qui illumine brusquement le ciel, y laisse une traînée lumineuse, puis disparaît. Pour fixer cette

____

(1) Discours d'ouverture de M. *Beernaert,* 23 juillet 1897.

flamme éphémère, pour lui donner le temps de réchauffer les cœurs et de fondre les résistances, il faut établir des délégués permanents qui l'alimentent dans l'intervalle d'un Congrès à l'autre ; il faut instituer un corps de vestales » chargées d'entretenir. le feu sacré. C'est la Commission permanente internationale, qui sera ce collège de vestales ; c'est elle qui complètera l'ossature et la colonne vertébrale de l'organisation. »

Cette Commission internationale, créée sous d'aussi brillants auspices, rendra des services non moins éminents que les institutions analogues, préposées à la sauvegarde d'intérêts d'une égale importance.

Qu'il nous suffise d'avoir montré un des heureux effets du Congrès de Bruxelles ! Notre but n'est pas d'étudier par le menu les actes et les délibérations de la savante assemblée. A des discussions métaphysiques et abstraites, nous préférons l'examen des principes concrétisés dans un exemple pratique. En rattachant nos explications aux clauses particulières d'un texte législatif, nous aurons à juger plus d'une fois et de leur valeur juridique et de leur importance pratique. Cet examen nous conduira à différentes reprises à faire des excursions dans le domaine de la théorie pure et dans celui de la législation comparée. C'est ce double but que nous aurons devant les yeux pendant tout le cours de ce travail.

Le texte qui nous servira d'appui et de guide est un projet de loi actuellement soumis aux délibérations du parlement du *Grand-Duché de Luxembourg*. La loi luxembourgeoise, venant dans l'ordre chronologique après les lois belges et françaises a pu réaliser sur ces dernières de notables progrès. Comme d'un autre côté la situation financière du Luxembourg est en tous points excellente, les rédacteurs du projet ont pu librement appliquer les solutions qui leur paraissaient les meilleures, sans avoir à se préoccuper trop exclusivement des exigences budgétaires.

Notre étude présente pour le lecteur français un intérêt beaucoup plus considérable qu'une simple étude de législation comparée. Car le Grand-Duché a avec la France une telle similitude de mœurs et de traditions, que les lois conformes au caractère français peuvent presque sans modifications être transcrites dans les codes luxembourgeois. Réciproquement une loi qui aura produit d'heureux résultats dans le Grand-Duché pourra servir d'utile modèle au législateur français (1).

(1) Rappelons pour ceux de nos lecteurs qui seraient moins au courant des questions de législation comparée, que le Grand-Duché vit encore sous le régime, modifié en certains points, de l'ancien code civil ; le code pénal de 1879 est surtout inspiré des lois belges.

On a parfois reproché aux législateurs luxembourgeois de faire trop rarement œuvre originale et inédite, et de suivre servilement les voies tracées par les parlements des pays environnants. Nous n'avons pas à insister plus particulièrement sur cette accusation, qui, à nos yeux du moins, constitue un éloge.

Il serait évidemment flatteur pour l'esprit humain de réaliser dans un texte parfait sous tous les rapports des conceptions sagement réfléchies et raisonnées, d'aller du premier bond au sommet de la perfection, de parvenir par une création de génie à faire du premier jet des lois qui puissent régler minutieusement et justement l'une quelconque des diverses matières juridiques.

Malheureusement ces puissantes improvisations ont le malheur de ne se rencontrer jamais sur le terrain pratique de la réalité. Le génie le plus perspicace est inapte à les imaginer ; l'expérience dicte les lois sages et fécondes ; au législateur d'écouter cette voix. Le Code civil lui-même est plutôt la résultante des expériences et des doctrines antérieures, qu'une création du génie de Bonaparte, inspirant et dirigeant ses savants rédacteurs.

Nous pourrions en dire autant des grandes réformes juridiques postérieures, notamment du nouveau Code civil allemand, qui va prochainement entrer en vigueur.

Les lois les meilleures sont celles qui sont faites sur mesure ; ce sont celles qui sont conformes au caractère et aux aspirations d'un peuple. Or, c'est l'histoire qui montre plus particulièrement la nature de ces aspirations, et le sens précis des traditions nationales ; les tâtonnements antérieurs indiquent la voie dans laquelle il faut chercher la solution des difficiles problèmes du droit.

C'est à Savigny que revient avant tous les autres le mérite d'avoir le premier entrevu cette intime parenté du droit et de l'histoire ; les principes de la grande École historique allemande sont à la base de tout progrès dans le domaine des lois.

Le temps n'est plus, où le patriotisme consistait uniquement et exclusivement dans la haine de l'étranger. Il y a une solidarité internationale comme il y a une solidarité nationale. Les formules abstraites sont insuffisantes ; les tâtonnements sont nécessaires. Pour édifier la formule de l'avenir, la formule définitive, il faut réunir les efforts des nations particulières. De cette collaboration souvent inconsciente, parfois involontaire, dépend la possibilité des grandes réformes, qui constituent comme le vaste patrimoine de l'humanité tout entière.

En profitant de l'expérience des pays voisins, le législateur luxembourgeois ne fait que puiser dans ce fonds commun ; on ne saurait vraiment l'en blâmer. Les limites territoriales du Grand-Duché sont trop exiguës, sa puissance financière trop faible, pour qu'il puisse se permettre le luxe d'essais coûteux, risqués ou simplement hasardeux.

I

Situation des Logements au Luxembourg.

A première vue la question des logements ouvriers paraît ne devoir se poser dans le Grand-Duché de Luxembourg que d'une manière tout à fait secondaire. Dans ce petit pays où l'élément agricole jouit d'une prédominance incontestable, les villes et les grandes agglomérations sont rares, la population est peu dense. La capitale elle-même ne compte pas 20,000 habitants. Les charges fiscales sont relativement légères. L'impôt des portes et fenêtres, cette mainmise de l'État sur l'air et la lumière du pauvre, n'y existe plus depuis longtemps qu'à l'état de vague et néfaste souvenir.

Par suite de ce providentiel concours de circonstances favorables, le Luxembourg ne connaît ni les demi-lits de Berlin, ni les caves de certaines grandes villes industrielles, ni les horribles cours ouvrières. Si les logements du pauvre sont moins mauvais dans le Grand-Duché qu'ailleurs, ce n'est pas une raison pour qu'on s'en désintéresse entièrement et qu'on y voie tout en rose et sous un jour trop favorable.

On peut, sous le rapport des logements, diviser le Luxembourg en trois parties distinctes. Dans une première catégorie nous pouvons ranger la capitale et sa banlieue ; la seconde comprendra les régions commerciales et industrielles, qui longent les frontières française, belge et lorraine. La partie purement agricole et rurale du pays, qui englobe presque la totalité du territoire, formera le troisième terme de cette division.

La ville de Luxembourg héberge une population de 19,909 habitants dans 1,721 maisons. En exceptant de nos calculs quelques maisons d'enseignement, d'hospitalisation, une caserne et une prison, nous arrivons à une moyenne de 10 habitants par maison. C'est en considération de cette moyenne, apparemment très bonne, que l'Administration de la *Caisse d'épargne* de Luxembourg a jugé superflue la création de maisons ouvrières dans les environs de la capitale.

Il ne faudrait pourtant pas se laisser égarer par le fétichisme des chiffres statistiques. Dix personnes sont parfaitement à l'aise dans un seul appartement des grands hôtels, qui bordent les rues parisiennes. Le Luxembourgeois n'aime pas les immenses maisons à quatre et plusieurs étages, qui peuvent abriter des familles entières ; ses préférences sont acquises aux petites maisons individuelles, dans lesquelles il peut régner en maître incontesté.

Dans un excellent rapport soumis au Congrès de Bruxelles, M. *Mahaïm* professeur à l'Université de Liége, a signalé le fait que les Anglais, les Belges, — et nous pouvons ajouter, — les Luxembourgeois, ont une tendance à se loger d'après le système vertical, tandis qu'en France les villes de quelque importance comptent en majorité de grandes maisons divisées en appartements. L'Allemagne commence à s'écarter de cette tradition des peuples d'origine germanique. On peut suivre à l'heure actuelle la contagion de l'exemple de *Berlin, Hambourg, Francfort, Munich*, dans les petites villes allemandes, où peu à peu les grands immeubles subdivisés prennent la place des maisons particulières.

Le délégué de l'Empire allemand au Congrès de Bruxelles, M. *Brandts*, a lui-même insisté sur ce point. « La calamité dans nos villes, dit-il, est que nous avons trop peu de logements à bon marché, que les logements sont trop chers, et que les maisons sont trop grandes et trop hautes, c'est-à-dire que nous n'avons presque plus de petites maisons pour une où deux familles seulement, mais exclusivement des maisons de trois à dix logements, même dans les nouveaux quartiers. »

Une enquête récente faite à *Liége* et dans les communes environnantes a donné les résultats suivants qu'il n'est pas inutile de comparer avec ceux de la ville de Luxembourg. La comparaison n'est pas entièrement à l'avantage de cette dernière ville. Environ 54 % des maisons liégeoises sur lesquelles a porté l'enquête, sont habitées par un ou deux ménages ; 46 % comptent plus de deux ménages. Comme les 530 maisons examinées sont habitées par 1,952 ménages, nous arrivons à une moyenne de 3,68 ménages par maison.

D'un autre côté 1.883 ménages comptent 7,836 personnes ; la moyenne de 4,16, qui résulte de ces chiffres officiels, est un peu moins élevée que la moyenne générale du royaume belge. Le recensement général de 1890 donne pour toute la Belgique une moyenne d'environ 4,56 personnes par ménage ; cette proportion s'abaisse à 4,40 dans la province de Liége, et à 3,81 pour la ville de Liége. Les données de l'enquête spéciale ne diffèrent donc guère de celles du dénombrement général. Dans la campagne suburbaine qui entoure la grande ville belge, 108 ménages comptant chacun un peu plus de quatre personnes, habitent 100 maisons.

La situation des logements est ainsi relativement moins favorable à Luxembourg qu'à Liége ; si elle ne donne pas lieu à de trop vives plaintes, on ne peut pas davantage affirmer, que le besoin d'une réforme ne s'y fasse pas sentir.

La région industrielle du Grand-Duché de Luxembourg présente un tableau beaucoup moins satisfaisant. Dans les bassins miniers d'*Esch*, de *Dudelange*, de *Rumelange*, etc., comme dans la partie du canton de Redange, où sont situées les exploitations des ardoisières, nous nous trouvons toujours en face d'une moyenne de 11 à 12 habitants par maison, malgré toutes les améliorations réalisées dans ces dernières années par des patrons non moins soucieux du bien-être moral et matériel de leurs ouvriers que de la prospérité de leur industrie.

Les maisons du bassin minier sont d'une telle exiguïté que nous n'hésitons pas un instant à nous rallier à l'opinion du rédacteur du projet de loi luxembourgeois, pensant que 10 à 11 personnes dans ces immeubles dépassent de deux ou trois fois la norme ordinaire. Ces logements sont d'ailleurs généralement mal entretenus et nullement préparés pour recevoir tant d'habitants. Les conditions du logement, dit l'*Exposé des motifs* du projet de loi, sont des plus fâcheuses et présentent une véritable calamité dans les régions d'ardoisières, à *Perlé*, *Martelange*, *Wolflange* et *Rombach*.

Remarquons, que dans ces régions la question des logements se présente sous un jour particulièrement défavorable, et que l'exécution des réformes est singulièrement compliquée. L'Administration de la *Caisse d'Epargne* a pris soin de relever ces particularités dans un rapport adressé au gouvernement le 23 mars 1896, que nous avons déjà eu l'occasion de citer plus haut. « Les ouvriers de nos mines et hauts fourneaux, dit le rapporteur, ne sont pas à comparer à ceux occupés en Belgique dans les charbonnages. »

« Chez nous, en effet, ce n'est généralement que le père de famille qui travaille comme ouvrier ; très exceptionnellement rencontre-t-on dans une même famille plusieurs de ses membres occupés dans l'industrie minière ou métallurgique. Dans ces conditions les salaires touchés suffisent à peine à l'entretien du ménage, de sorte qu'il ne saurait guère être question d'en distraire une partie pour l'affecter à l'extinction d'une dette contractée pour l'achat d'une maison..... D'un autre côté la population des localités énumérées (du bassin minier) paraît en partie se composer d'une population cosmopolite et nomade. Les ouvriers luxembourgeois n'habitent qu'en partie ces localités ; encore n'y en a-t-il pas mal, dont la famille habite le plat-pays (la partie rurale du Grand-Duché) ou les Ardennes (la partie Nord du Luxembourg) et qui recherchent leur *home* tous les huit ou quinze jours et ne s'attachent pas par de forts liens à l'usine. L'enquête constaterait le nombre et la valeur des ouvriers étrangers, allemands, français, belges, italiens, etc., qui n'entreraient guère dans des combinaisons menant à la propriété et devant durer pour le moins à vingt années d'amortissement. »

Dans cette seconde partie du Grand-Duché, la réforme des Logements s'impose aux yeux des moins clairvoyants ; elle est absolument difficile et extrêmement malaisée à appliquer dans un milieu aussi composite et récalcitrant.

Nous arrivons maintenant à l'examen de la partie rurale et agricole du Grand-Duché. Avant d'aborder cette matière, il nous faut répondre à une objection, qu'on ne manquera pas de nous opposer dès le début. La question de l'habitation du travailleur rural, dit-on, n'offre pas la même gravité que celle de l'ouvrier dans les grandes agglomérations et dans les villes. L'air pur et salubre atténue dans une certaine mesure les graves inconvénients que peut présenter au point de vue de l'hygiène un logement insuffisant.

Au congrès de Bruxelles MM. *Le Maire* et *Lamort* ont attiré l'attention sur cette objection. Ils ont fait remarquer avec raison, que le logement ouvrier ne doit pas être considéré sous le seul rapport de l'hygiène et de la salubrité. La maison ouvrière doit en outre remplir certaines conditions nécessaires pour la sauvegarde de la moralité, pour l'éducation et pour les habitudes d'ordre et d'économie de la famille de ses occupants. Il faut notamment qu'elle contienne un nombre de places suffisant pour le coucher.

Le Grand-Duché de Luxembourg, d'après les chiffres de l'*Exposé des motifs* du projet de loi, compte 37,518 maisons habitées par 44,700 ménages. 41,952 ménages comptent deux ou plusieurs personnes ; 2,673 ménages se composent d'une seule personne ; enfin 75 constituent des établissements collectifs.

Étant donné le chiffre total de la population luxembourgeoise, qui se monte à 217,583 habitants, nous pouvons déduire une moyenne de cinq à six personnes par maison. Quatre maisons abritent en moyenne cinq ménages. D'après les évaluations de M. *de Foville*, la France possède neuf millions de maisons pour une population de 38 millions d'habitants. En tenant compte de la plus grande fécondité des familles luxembourgeoises, on voit qu'en France comme au Luxembourg une maison est habitée ordinairement par un seul ménage. La situation de part et d'autre est sensiblement la même.

Nous avons nous-même rencontré des familles luxembourgeoises logées dans des conditions très regrettables et évidemment mauvaises.

Une famille, composée du père, de la mère et de huit enfants de sexe différent n'avait à sa disposition qu'une maison humide, comprenant deux chambres à coucher et une cuisine. Il n'est pas possible que dans un pareil encombrement la moralité et la pudeur soient suffisamment sauvegardées. Une autre famille, composée des parents, du grand-père et de huit enfants, est entassée dans une maison qui n'offre que deux chambres à coucher communiquantes. Il y a là un garçon de vingt ans, qui couche presqu'aux côtés de sa sœur, âgée de dix-neuf ans. La mère est récemment accouchée de son dernier enfant pour ainsi dire sous les yeux des adolescents. Ajoutons que le père qui passe la plupart de ses journées dans les cabarets, peut, grâce à cette promiscuité de jour et de nuit corrompre tout à son aise ses nombreux enfants.

Les petits logements laissent donc beaucoup à désirer, au Luxembourg comme la plupart des autres pays. Cette conclusion se dégage assurément du rapide examen que nous venons de faire à l'aide des documents officiels les plus irrécusables.

Nous ne pouvons qu'approuver le gouvernement grand-ducal, et surtout son éminent président, d'avoir compris la gravité du problème des Habitations à bon marché, et d'avoir mis sans retard les mains à l'œuvre pour en faciliter la solution.

II

Bénéficiaires des lois sur les Habitations à bon marché.

Comme les enquêtes officielles avaient démontré plus que suffisamment la nécessité d'une réforme des Habitations à bon marché, le Gouvernement luxembourgeois rechercha sans tarder les voies et moyens pour la réaliser. Mais avant même d'entreprendre l'examen des mesures législatives prises dans les pays environnants, les hommes d'Etat du Grand-Duché se trouvèrent arrêtés par une question préjudicielle de la plus haute importance.

Fallait-il réserver le bénéfice de la nouvelle loi aux seuls ouvriers, comme l'a fait la loi belge du 9 août 1889, ou viser avec le législateur français toutes les habitations de minime importance quel qu'en fût le propriétaire ? En d'autres termes, fallait-il légiférer pour l'ensemble de la population luxembourgeoise, et donner à la loi un caractère réel, ou devait-on se contenter d'améliorer le sort d'une classe de la société ?

On peut s'étonner que la question ait pu se poser, puisqu'il est de l'essence d'une loi de s'appliquer à la généralité des citoyens de l'État qu'elle est destinée à régir. Comme l'a dit un excellent auteur de droit pénal, les peuples ne vivent pas de logique, et souvent les exigences politiques dictent des solutions que désapprouverait la pure logique.

Dès le début, le Gouvernement du Grand-Duché se rallia aux doctrines les plus libérales, et résolut d'attribuer le bénéfice de la loi future à tous les logements de peu d'importance. Dans une dépêche du 25 octobre 1895, le *Ministre d'État* précise dans ce sens les vues du Gouvernement et déclare que « si le pays est doté d'une législation sur les Habitations à bon marché, elle doit être générale, applicable à tous les petits, vivant principalement de leur travail ou de leur salaire, à l'instar de la loi française ».

Quelques mois plus tard, le même Ministre, revenant sur ses déclarations antérieures, affirme comprendre parmi les bénéficiaires de la loi à créer « non seulement les ouvriers, mais tous les petits agriculteurs, artisans, ouvriers, petits employés en fonction ou en retraite : tous ceux qui vivent principalement de leur travail présent ou passé ».

Ces intentions généreuses apparaissent dans l'*Exposé des Motifs*, et dans l'article premier du projet de loi. Voici cet article premier qu'il ne sera pas inutile de comparer aux dispositions des lois française et belge :

« La Caisse d'Épargne est autorisée à employer une partie de ses fonds disponibles en prêts faits en faveur de la construction ou de l'achat de maisons à bon marché, au profit de personnes n'étant propriétaires d'aucune maison, notamment d'ouvriers, artisans, petits cultivateurs ou employés vivant principalement de leur travail ou de leur salaire et ne figurant pas au rôle de la contribution mobilière pour une cote d'au moins ving-cinq francs du chef de leurs gains... »

Bien loin de désapprouver l'extension de la loi à des catégories aussi nombreuses de bénéficiaires, le *Conseil d'État* du Grand-Duché, auquel doivent, sauf le cas d'urgence, être soumis tous les projets législatifs, félicita le Gouvernement « d'avoir eu cette vue large des besoins auxquels il s'agit de pourvoir... », parce que, lisons-nous dans l'*Avis du 14 janvier 1898*, « la *ratio legis* est évidemment applicable au même titre qu'aux travailleurs manuels, aux ouvriers proprement dits, à toutes les autres catégories de personnes qui peinent pour leur vie » (1).

---

(1) Le Conseil d'Etat luxembourgeois, destiné dans l'esprit de la Constitution de 1868 à servir de contrepoids au pouvoir législatif confié à cause de l'exiguïté territoriale du pays à une Chambre unique, a un rôle très important dans la confection des lois. D'après l'article 27 de la *Loi organique du 16 janvier 1866.* « Aucun projet de loi.... n'est soumis au Roi ou Grand-Duc, ni présenté à la Chambre des Députés qu'après que le Conseil d'Etat a été entendu en son

Au point de vue que nous examinons en ce moment l'article premier n'a subi que quelques petites retouches de pure forme. Le texte définitivement adopté côtoie d'ailleurs de près la disposition correspondante de la *Loi française du 30 novembre 1894*, qui s'applique à toutes « les personnes n'étant propriétaires d'aucune maison, notamment aux ouvriers ou employés vivant principalement de leur travail ou de leur salaire. »

La loi belge confère le privilège de ses diverses exemptions uniquement « aux ouvriers ou anciens ouvriers incapables de travail » qui, outre cette condition d'ordre professionnel se trouvent dans une situation de fortune déterminée, et paient un cens restreint dans d'étroites limites.

**

En présence de ces divergences législatives, nous nous rallions résolument au système français adopté avec raison par le gouvernement luxembourgeois.

Un État ne peut prospérer lorsque les couches inférieures de sa population souffrent et s'étiolent dans la promiscuité des infects taudis, dont les efforts d'un petit nombre d'hommes de bien ont découvert la laideur. Une intervention prompte et radicale est nécessaire pour remédier à cette situation intolérable ; c'est là un point sur lequel il n'y a plus à discuter.

Tout en comprenant la sollicitude particulière de notre époque pour la classe ouvrière proprement dite, — que nous sommes d'ailleurs bien loin de désapprouver, — nous ne voyons pas pourquoi il serait plus nécessaire de venir à l'aide de l'ouvrier industriel, que de secourir la misère en redingote du petit employé ou l'indigence du cultivateur en blouse. Le petit fermier, qui exploite à la sueur de son front les quelques arpents composant l'héritage de ses ancêtres, l'artisan qui peine pour nourrir sa nombreuse famille ne sont pas moins dignes d'intérêt que l'ouvrier des mines ou le travailleur de nos manufactures. Il faut secourir ceux-ci et ne pas négliger ceux-là.

Ce qui est juste et équitable pour les uns, l'est aussi pour les autres ; *eadem est legis ratio.* Puisque le mal est général, le remède doit l'être. Les législations de castes et de privilèges ne sont plus de mise. Qu'on n'essaie pas, sous de vains prétextes de réforme sociale, de nous ramener de quelques siècles en arrière, de créer de nouvelles classes de privilégiés après avoir étouffé les anciennes ! Les ouvriers industriels sont

avis... » L'intervention du Conseil n'est même pas entièrement écartée au cas d'urgence, lorsque le Gouvernement a directement saisi la Chambre. Le Gouvernement peut, s'il le juge à propos, charger le Conseil d'Etat du soin de préparer les projets de loi ou de règlement. (art. 28, 3).

en général très remuants et font beaucoup parler d'eux et de leurs affaires. Cette réclame, juste à ses débuts, mais exagérée ensuite par des influences non professionnelles, et des raisons de politique électorale ne sauraient prévaloir quand la justice distributive est en jeu.

Ces considérations ont plus de poids encore au Luxembourg que dans les grands pays qui l'entourent. La population industrielle et ouvrière, — au sens strict du mot, — y est peu nombreuse et cantonnée dans les villes et les bourgs du bassin minier ; les exploitations d'ardoisières occupent un personnel relativement peu important.

En réservant le bénéfice de la loi à cette minorité infime, on obèrerait les finances publiques au profit de quelques privilégiés ; encore faut-il ajouter que ces privilégiés sont en grande partie des étrangers nomades, souvent peu recommandables. Le Conseil d'administration de la *Caisse d'Épargne* a eu raison d'attirer l'attention du Gouvernement sur cette situation particulière au Grand-Duché.

Dans une communication officielle du 31 juillet 1896 le *Directeur de l'Enregistrement et des Domaines* du Luxembourg a exprimé le regret de voir étendre le bénéfice des exemptions fiscales projetées « à toutes les petites gens » sans exception. A l'appui de cette opinion, qui, comme nous l'avons vu, a été celle des rédacteurs de la loi belge de 1889, ont été invoquées d'abord « les tendances et les aspirations de l'époque, d'après lesquelles la situation de la classe ouvrière mérite une protection et une sollicitude particulières de la part des pouvoirs publics », et en second lieu « les difficultés et les complications bien plus considérables » qu'entraîne la généralisation proposée.

Cette argumentation, très compréhensible de la part du représentant du fisc, ne nous émeut que médiocrement. Le meilleur moyen d'éviter les complications et les difficultés serait évidemment d'imiter le berger des Bucoliques, et de se reposer à l'ombre du hêtre, en jouant du chalumeau. Malheureusement l'action et le sacrifice s'imposent ; nous ajouterions volontiers en déformant quelque peu les beaux vers de Molière, qu'à d'austères devoirs notre époque troublée engage. Il faut se prêter de bonne grâce aux réformes reconnues indispensables, et faire de nécessité vertu.

Nous serions d'ailleurs mal venus de vouloir aujourd'hui nous en tenir à cette malencontreuse disposition de la loi belge, alors que les propres promoteurs de cette loi, qui a rendu dans son temps de si considérables services, sont sur le point d'entrer dans une voie plus généreuse. Sur ce point aussi le *Congrès de Bruxelles* de 1897 a dissipé les derniers doutes et mis fin aux hésitations pusillanimes.

« Les préoccupations de l'heure présente, disait *M. Beernaert* dans son discours d'ouverture, vont plutôt à l'extension de la loi en vigueur, et par une intervention plus large encore de la Caisse d'Épargne, et par l'application de faveurs nouvelles *à toutes les habitations à bon marché, sans distinction quant à la profession des occupants*. Les vues du cabinet actuel, ajoutait l'éminent ministre d'Etat, vous seront indiquées. »

Le lendemain *M. O. Lepreux* communiquait au Congrès une déclaration faite au Sénat le 13 avril 1897 par le Ministre des finances, *M. de Smet de Nayer*. Le Ministre était d'avis d'étendre l'exemption de la contribution personnelle concédée par l'article 14 de la loi à tous les petits revenus sans distinction de la profession des personnes. Il voudrait de même, par des dispositions d'une portée générale, étendre les réductions de certains droits d'actes de l'article 16. L'exemption des droits d'enregistrement et de transcription serait désormais attachée non plus à la qualité de l'acquéreur, mais à l'importance de l'immeuble destiné à être habité par lui.

Dans la séance de clôture du Congrès, *M. Nyssens* renchérit encore sur les déclarations de son collègue. Les divers orateurs qui se succédèrent à l'assemblée, élargirent, chacun à sa manière, la brèche pratiquée dans le mur de séparation, que la loi de 1889 avait dressé entre les classes voisines d'une même société.

M. Delvaux exposa les doléances des petits employés et des petits propriétaires agricoles, que les comités provinciaux ne pouvaient patronner, parce qu'aux yeux du législateur de 1889, « l'ouvrier est seulement celui qui travaille de ses mains et pour autrui ». Et pourtant ces petites gens sont très dignes d'intérêt et remplissent toutes les autres conditions exigées par la loi. Le délégué d'un Syndicat de voyageurs, employés et patrons chercha à prouver que l'extension de la loi à de nouvelles catégories de personnes était nécessaire aux points de vue financier, économique et social, moral et hygiénique.

M. Jules Challamel indiqua, avec sa précision juridique ordinaire, en quoi consiste le nœud de la question. « L'égalité des droits, dit-il à la troisième séance du Congrès, est le fondement même de la démocratie... Les professions ne sont plus rigoureusement délimitées comme au moyen âge ; elles se pénètrent les unes les autres et vont parfois jusqu'à se confondre... Tout ce qui sera fait dans un ordre d'idées restreint sera mauvais pour la Belgique comme pour toute autre nation ; tout ce qui tendra au contraire vers l'unité du droit, vers l'égalité de tous les citoyens devant la loi sera fécond pour l'avenir du pays. »

D'après *M. Picot* le premier devoir de l'État « c'est de faire des lois égales pour tous, sans faveurs individuelles, sans privilèges pour une classe de citoyens ou pour un objet déterminé. » On connaît l'opinion de *M. Cheysson*, l'éminent apôtre des maisons à bon marché ; la loi française, à la confection de laquelle il a collaboré avec *M. Siegfried*, en est la fidèle expression.

Le nom seul du Congrès des *Habitations à bon marché* indiquait les préférences unanimes de ses membres.

Nous pouvons dès lors poser en principe que l'État doit faire des lois sur les *Habitations à bon marché* et non pas sur les *Habitations ouvrières*, que ces lois doivent présenter un caractère *réel* et non un caractère *purement personnel*. Les rédacteurs du projet luxembourgeois ont visé, suivant le rapport du Gouvernement au *Grand-Duc Adolphe* du 21 janvier 1898, « tous les laborieux, notamment les ouvriers, les artisans, les journaliers-cultivateurs, les petits employés en fonction ou en retraite... » C'est là un exemple à imiter.

*
* *

La loi belge s'applique à une seule classe de laborieux : *aux ouvriers proprement dits* ; la loi française et le projet luxembourgeois s'appliquent à *toutes les petites gens*. Il faut maintenant déterminer quelles sont dans l'un et l'autre cas les conditions concrètes auxquelles doit satisfaire le bénéficiaire des privilèges légaux.

La *loi française* exige deux conditions :

1) La personne qui occupe la maison ne doit être propriétaire d'aucune autre ;

2) Le revenu net imposable de cette maison ne doit pas dépasser une limite maxima, variable d'après la situation de la commune.

Comme l'a fait remarquer avec raison un commentateur de la loi de 1894, *N. de Vathaire*, il n'y a pas lieu d'exiger que la maison soit située dans une ville, ni dans un rayon quelconque d'une agglomération urbaine ; une habitation rurale jouit des mêmes privilèges.

Le revenu net devant être pris en considération ne peut pas dépasser de plus d'un dixième :

« Dans les communes au-dessous de 1,000 habitants, 132 francs ;

De 1,001 à 5,000 habitants, 220 francs ;

De 5,001 à 30,000 habitants, 250 francs ;

De 30,001 à 200,000 habitants et dans celles qui sont situées dans un rayon de quarante kilomètres autour de Paris, 323 francs ;

Dans les communes de 200,001 habitants et au dessus, 440 francs ;

A Paris 550 francs. »

Ces limitations de l'article 5 § 1 de la loi et de l'art. 50 du Règlement de 1895 concernent directement les maisons individuelles destinées à être acquises ou construites par les personnes visées dans l'article premier de la loi.

« En ce qui a trait aux maisons individuelles ou collectives destinées à être louées », les avantages légaux s'appliquent à celles « dont le revenu net imposable, pour leur intégralité, ou pour chacun des logements les composant et destinés à être loués séparément, ne comporte pas un chiffre supérieur à ceux qui sont indiqués ci-dessus pour chaque catégorie de communes ».

Dans l'article 50 du règlement d'administration publique du 21 septembre 1895 le Conseil d'État, interprétant l'article 5 de la loi dans un sens peu favorable, réservait les faveurs de la nouvelle législation aux seules maisons « dont la valeur locative, augmentée des charges incombant au propriétaire et mises par le bail au compte du locataire » ne montait pas à un taux supérieur aux limites légales.

La *Loi du 31 mars 1896* (1), due surtout à l'intervention du *Comité supérieur des Habitations à bon marché*, vint bientôt préciser l'interprétation que devait recevoir l'article 5 de la loi de 1894 et excepta, dans un intérêt d'hygiène et de salubrité publiques, du calcul des valeurs locatives certaines des charges mises par bail au compte des locataires d'habitations à bon marché. Il s'agissait notamment des charges de salubrité : eau, vidanges, etc., et d'assurance contre l'incendie et sur la vie, dont le propriétaire fait l'avance et qu'il recouvre en les mettant par bail au compte du locataire.

Pour jouir des exemptions des *Lois belges du 9 août 1889 et du 18 juillet 1893* les ouvriers ou anciens ouvriers incapables de travail doivent :

1) N'être pas propriétaires d'immeubles autres que celui qu'ils habitent et celui qu'ils cultivent ;

2) Ne pas occuper soit en propriété, soit en location du bailleur non habitant une habitation d'un revenu cadastral déterminé.

Ce revenu ne doit pas excéder :

« 72 francs dans les communes de moins de 3,000 habitants :

96 francs dans celles de 3,000 à 20,000 habitants ;

120 francs dans celles de 20,000 à 40,000 habitants ;

144 dans celles de 40,000 à 100,000 habitants ;

171 dans les communes de 100,000 habitants et plus. »

(1) Cfr. Loi du 30 novembre 1894, art. 5 ; Décret du 21 septembre 1895, art. 50 ; Loi du 31 mars 1896, art. 2 ; Circulaire ministérielle du 13 avril 1896, alinéa 3.

Le bénéfice de la loi est en outre refusé :

1) Aux ouvriers qui louent ou cèdent une partie de leur habitation soit à plus d'un sous-occupant, soit pour l'exercice d'un débit ou commerce quelconque ;

2) Aux ouvriers qui cultivent pour eux-mêmes, soit au delà de 50 ares, soit au delà de 100 ares, suivant que parmi les parcelles, autres que le jardin, il en est ou il n'en est pas dont le revenu cadastral dépasse 50 fr. l'hectare.

Pour que l'on puisse profiter des prêts à faire par la Caisse d'Épargne, le projet luxembourgeois exige deux conditions :

1) Qu'on ne soit pas déjà propriétaire d'une maison ;

2) Qu'on ne figure pas sur les rôles des contributions directes de l'État, du chef de quelque revenu que ce soit, pour une somme supérieure à vingt-cinq francs.

La première de ces conditions se retrouve dans chacune des trois lois soumises à notre examen ; elle a passé de la loi belge de 1889, la première en date, dans la loi française ; de celle-ci dans le projet luxembourgeois. La seconde condition est essentiellement variable suivant les régimes financiers et les exigences budgétaires des divers pays.

D'après le texte primitif luxembourgeois, les emprunteurs des fonds de la Caisse d'Épargne ne devaient pas figurer au rôle de la contribution mobilière pour une cote de vingt-cinq francs du chef de leurs gains. Le Conseil d'État a revisé cette disposition à cause de certaines raisons d'équité indiquées dans l'*Avis du 14 janvier 1898*, et a assimilé aux gains « toutes les taxes directes tombant sous le coup de la foncière ou de la mobilière ». Car « l'individu qui paie 16 francs d'imposition du chef de gain mobilier et 10 autres francs du chef d'autres ressources mobilières ou comme propriétaire foncier, se trouve, en général, au même niveau matériel que celui qui paie 26 francs de contribution mobilière pour gain, à l'exclusion de toute autre taxe directe. »

Les exemptions fiscales proprement dites sont réservées par l'article 5 aux habitations appartenant aux personnes visées par l'article premier, pourvu que leur revenu cadastral n'excède pas :

« 60 francs dans les communes de moins de 3,000 habitants ;

75 francs dans les communes de plus de 3,000 et de moins de 10,000 habitants ;

90 francs dans les communes de plus de 10,000 habitants. »

Cette exemption n'est pas accordée :

1) Aux assujettis qui n'habitent pas eux-mêmes ou dont la famille n'habite pas la maison en question ;

2) A ceux qui louent ou cèdent une partie de leur habitation soit à plus d'un sous-occupant, soit pour l'exercice d'un débit de boissons alcooliques ;

3) A ceux qui cultivent soit comme propriétaire ou usufruitier, soit comme fermier un ensemble de terres dont le revenu cadastral dépasse 125 francs ;

4) A ceux qui sont portés sur le rôle des contributions directes de l'État soit du chef d'autres immeubles que de la maison soit du chef de revenus de capitaux, soit des deux chefs réunis pour un impôt total de dix francs ou plus.

La disposition de l'article 5 § 4 (1), d'après laquelle l'exemption cesse lorsque cessent une ou plusieurs des conditions requises pour en bénéficier, pourrait paraître superflue ; elle présente une certaine utilité parce que la déchéance de l'exemption se produit de plein droit.

*
* *

Il y a dans la détermination des bénéficiaires de la loi des différences assez notables entre la loi belge et le projet luxembourgeois ; il est nécessaire d'en dire au moins quelques mots. Nous n'avons pas à revenir sur le caractère strictement personnel de la loi belge de 1889, caractère que la loi nouvelle du 17 juillet 1893 a atténué, non effacé.

Le législateur belge refuse les exemptions fiscales « à ceux qui cèdent une partie de leur habitation... pour l'exercice d'un débit ou commerce quelconque ». Le projet luxembourgeois définitif n'inflige cette sanction qu'à ceux « qui louent ou cèdent une partie de leur habitation à plus d'un sous-occupant, ou pour l'exercice d'un débit de boissons alcooliques. » Comme le dit avec raison l'*Avis du Conseil d'État,* «il n'y a aucune raison bien plausible pour refuser la remise de l'impôt foncier aux propriétaires qui ont cédé une partie de leur maison à des locataires ayant levé boutique dans l'appartement loué. Ces petits négoces sont parfaitement légitimes et constituent dans bien des cas l'indispensable moyen de sustentation des familles qui s'y adonnent. » La restriction se comprend d'elle-même en ce qui concerne les débits de boissons alcooliques. L'ouvrier est et restera toujours, comme on l'a dit avec raison, un grand enfant ; il ne faut pas que la tentation s'approche trop près des centres où il a établi son domicile. Le mauvais logement est le pourvoyeur des cabarets. La réciproque aussi est vraie ; les cabarets sont souvent la cause des mauvais logements. L'amélioration des logements diminuera la clientèle des mastroquets, en inspirant à l'ouvrier l'amour de son foyer, et le goût des

(1) Cette disposition figure également dans la loi française art. 4, § 2.

douces joies de la famille ; encore faut-il qu'on ne rende pas trop difficile l'éducation nouvelle qu'on veut donner à cette partie intéressante de la population. Construire à grands frais des maisons ouvrières, et y laisser s'établir des cabarets, ce serait bâtir sur le sable mouvant ; ce serait se condamner d'avance à un échec inévitable et certain.

L'article 5, § 3 du projet luxembourgeois exige que le bénéficiaire des avantages légaux ne cultive pas soit comme propriétaire ou usufruitier, soit comme fermier un ensemble de terres dont le revenu cadastral dépasse 125 francs. Le texte belge correspondant est ainsi conçu : « L'exemption n'est pas accordée... 2° aux ouvriers qui cultivent par eux-mêmes soit au delà de 50 ares, soit au delà de 100 ares, suivant que parmi les parcelles autres que le jardin il en est ou il n'en est pas, dont le revenu cadastral dépasse 50 francs l'hectare. »

Sur ce point encore le projet luxembourgeois nous paraît réaliser un progrès véritable et important. Le rédacteur de ce projet s'en tient uniquement au revenu cadastral de l'exploitation agricole sans s'occuper de l'étendue des terrains cultivés. Malgré sa faible superficie, le Grand-Duché présente en effet une variété de culture remarquable. Les terres grasses du centre et du sud sont très fertiles, tandis que les collines et les coteaux ardennais ne fournissent qu'une végétation rare et rabougrie. Les progrès de l'agriculture tendent heureusement vers le nivellement de la fécondité du sol. La loi permettra au jardinier-maraîcher de cultiver quelques arpents ; le journalier-cultivateur des Ardennes exploitera jusqu'à cinq ou six hectares sans encourir la perte des exemptions légales.

Des voix autorisées se sont fait entendre au Congrès de Bruxelles, réclamant la réforme des dispositions de la loi belge que nous examinons. Dans un excellent rapport *MM. Le Maire* et *Lamort* ont nettement exposé les inconvénients de ces évaluations mauvaises, et démontré la nécessité d'un remaniement radical. « La distinction entre 50 et 100 ares à cultiver, disaient-ils, si le revenu cadastral d'un hectare de terre labourable dépasse 50 francs ou non, distinction introduite par la législation du 18 juillet 1893 en vue de la situation exceptionnelle des Flandres ne saurait se justifier pour certaines autres parties du pays, vu la différence des revenus entre les diverses catégories de propriétés et l'impossibilité d'assimiler les divers genres de terrain... L'évaluation du revenu cadastral devrait plus tenir compte du degré de productivité des terrains cultivés selon les différentes zones de notre pays... Nous voudrions, continuent-ils, substituer au maximum de *superficie* établi par l'article 14 § 2 de la loi du 9 août 1889 un maximum de *valeur*... »

Cette réforme elle-même ne conduit guère à une exactitude juridique absolue, ni à une égalité fiscale complète entre les bénéficiaires de la loi. Il n'y a pas de pays qui ne se plaigne de ses mauvaises évaluations cadastrales ; on se plaint en France, on se plaint en Belgique, on se plaint au Luxembourg ; partout on réformerait si les réformes étaient moins coûteuses, et leur réussite certaine. Un revenu cadastral donné a une autre valeur dans la province de Liège, une autre dans un coin retiré de la Campine belge. Mais n'oublions pas que le législateur, pas plus qu'aucune autre personne, n'est tenu d'arriver à la perfection ; il suffit qu'il y tende et s'en approche aussi près que possible. Or la réforme demandée par les rapporteurs belges et réalisée par le projet luxembourgeois constitue un grand progrès, si on la compare aux errements antérieurs.

*
* *

Les avantages fiscaux de la loi française du 30 novembre 1894 sont accordés à une dernière classe de bénéficiaires : aux *sociétés de construction et de crédit*. Ces sociétés, pour satisfaire aux prescriptions légales, doivent indiquer dans leurs statuts qu'elles ont pour but exclusif, soit de procurer l'acquisition d'habitations salubres et à bon marché, soit de mettré en location des habitations de cette nature, soit d'améliorer des habitations déjà existantes. Leurs dividendes sont limités à un maximum de 4 %. Il faut en outre qu'elles se soumettent à certaines conditions de forme précisées par l'article 9, §§ 3, 4 du décret du 21 septembre 1895. L'obligation d'attribuer leur actif final en cas d'expiration ou de dissolution à des sociétés déterminées et dans des conditions définies, imposée par ce même acte, a été virtuellement abrogée par la loi interprétative du 31 mars 1896, qui a restreint la limitation légale aux dividendes annuels.

Une circulaire ministérielle du 13 avril 1896 a excellemment relevé les heureuses innovations introduites par cette loi (1).

La loi belge du 9 août prévoit dans ses articles 11 et suivants la constitution de sociétés analogues, et leur accorde un certain nombre de précieux avantages. Il en est de même du projet luxembourgeois (art. 6 et ss.). Chacune de ces trois législations restreint son bienfait aux sociétés ayant pour but *exclusif* la construction, l'achat ou la location d'habitations à bon marché.

Ces restrictions méticuleuses sont-elles bien nécessaires ? A la deuxième séance du Congrès de Bruxelles M. *Thiry*, tout en rendant hommage à l'activité des sociétés de construction, de crédit et de garan-

---

(1) Cfr. Loi du 30 novembre 1894, art. 9, § 5, 11 § 2 Décret du 21 septembre 1895, art. 9 ; Circulaire ministérielle du 28 octobre 1895, loi du 31 mars 1896, art. 1 ; Circulaire ministérielle du 13 avril 1896, alinéa 2.

tie des habitations à bon marché, constatait que leurs moyens d'action étaient trop limités (1).

Ne faudrait-il pas quelque peu détendre l'étroit vêtement législatif qui les étreint, et leur octroyer une liberté moins parcimonieusement dosée ? Est-il bien nécessaire que l'État réserve ses sympathies aux associations s'occupant *exclusivement* des différentes opérations relatives aux maisons ouvrières ?

La limitation du dividende social à un chiffre trop minime peut paraître dangereuse. La florissante société de maisons à bon marché de Lyon, fondée et patronnée par les notabilités du monde économique français, a réussi pendant le court espace de dix années à améliorer l'habitation de plus de 12.000 familles.

M. *Georges Picot* attribue au moins en partie cette prospérité à la bonne situation industrielle de cette société qui distribue à ses actionnaires un dividende suffisamment rémunérateur.

Il est du droit et du devoir de l'État de n'accorder sa protection qu'à bon escient et aux sociétés sérieuses, qu'il en a jugées dignes ; mais il ne faudrait pas que, sous prétexte de garantie nécessaire, il paralyse le libre essor et les initiatives individuelles.

La philanthropie peut cesser d'être désintéressée sans cesser d'être bienfaisante. S'il en était autrement, l'œuvre des Habitations à bon marché serait fort compromise et ne pourrait guère réaliser que des améliorations partielles et insuffisantes. Car il n'est pas donné à tout le monde d'imiter les généreuses initiatives des Peabody, des Heine et des Chambrun.

Miss *Octavia Hill* commença en 1863 à Londres son œuvre salutaire de l'amélioration des logements ; elle put le mener à bonne fin et trouver des imitateurs, parce que les fonds engagés dans l'entreprise donnaient un rendement rémunérateur. D'autres associations anglaises, la *Metropolitan Association*, la *Improved industrial dwellings Company* etc., combinèrent non moins heureusement la charité et l'intérêt ; l'intérêt trouva sa part, la charité ne perdit rien.

Il y a quelques mois, les journaux nous parlèrent de l'initiative hardie d'un ancien secrétaire de lord Beaconsfield, lord *Rowton*. Emu de la misérable situation des malheureux sans pain et sans logis, ce grand seigneur anglais créa en 1893 une première hôtellerie, et leur assura, moyennant le prix modique de 0 fr. 60 par jour un logement confortable.

Le capital de lord Rowton donnant un revenu fixe de 5 0/0, une société

(1) *Compte-rendu officiel*, p. 421.

anonyme au capital de 1,700,000 francs bâtit en 1896 une nouvelle maison ; de nouveaux appels de fonds permirent de construire des hôtelleries analogues à *Newington-Butts*, à *Witechapel* et à *Blackfriars*.

Le rédacteur de l'entrefilet que nous venons de reproduire dans sa substance félicita avec raison les Anglais d'avoir trouvé le moyen de faire à la fois une bonne œuvre et une œuvre qui rapporte.

D'après un intéressant rapport envoyé au Congrès de Bruxelles par le professeur *Lindsay*, aucun effort rationnel n'a été tenté à Philadelphie, la *city of homes*, autrement que sur les bases ordinaires d'une spéculation. Dans la puissante *Octavia Hill Association* de cette ville « la coopération des citoyens qui sont bien logés en faveur de ceux qui ne le sont pas » se fait toujours sur des bases strictement commerciales (1). L'association philadelphienne, fidèle à l'exemple de la philanthrope anglaise dont elle porte le nom, ne s'occupe que de l'amélioration des maisons séparées, abandonnant le soin de construire les nouvelles aux brillantes *Building Societies*. Ses intérêts philanthropiques reposent sur d'excellents principes commerciaux, ses intérêts commerciaux n'excluent pas une saine philanthropie. C'est dans cette heureuse concordance qu'il faut chercher la cause de sa prospérité.

L'Europe continentale offre de nombreux exemples de succès analogues. Nous n'avons pas à revenir sur la prospérité exceptionnelle de la société lyonnaise de M. Mangini. A Zurich l'*Aktienbauverein* distribue un dividende de 4 1/2, l'*Eigen-Heim* est arrivé à un dividende brut de 6 % la *Bau-und Spargenossenschaft* limite son revenu maximum à 5 %. Diverses autres sociétés suisses à Winterthur, à Bâle, à Schaffhouse, à Saint-Gall, à Payerne assurent à leurs actionnaires un intérêt constant de 4 %.

Le rapporteur de Bruxelles, auquel nous empruntons ces chiffres, constate judicieusement que la fondation de la *Ruche* de Payerne a favorisé l'épargne et fourni aux citoyens une occasion de placements de tout repos et rémunérateurs. Qu'il nous suffise de remarquer que la rente française 3 % se négocie en ce moment (2) à 101,15 ; la comparaison de ces taux est très instructive.

La limitation légale maxima du dividende des sociétés d'Habitations à bon marché n'a guère eu, jusqu'ici du moins, l'occasion de s'appliquer en France. C'est une disposition plutôt théorique que pratique.

(1) *Compte-Rendu officiel*, p. 377 et ss.
(2) Fin Juin 1899.

***

Le projet luxembourgeois, comme les lois française et belge, prévoit la constitution de Sociétés de crédit et de Sociétés de construction ou Sociétés immobilières.

Les Sociétés immobilières sont celles qui ont pour objet exclusif la construction, l'achat, la vente ou la location d'Habitations destinées aux classes ouvrières (Loi belge du 9 août 1889, art. 11 § 1). Cette définition s'applique aux sociétés françaises, si on en modifie le dernier terme après avoir retranché l'adjectif « exclusif » (art. 6 § 1 de la loi de 1894) (1). Le projet luxembourgeois a avec raison remplacé l'expression « classes ouvrières » par celle plus exacte de « classes laborieuses ».

Les mêmes remarques s'appliquent à la définition des Sociétés de crédit, que nous trouvons dans la loi complémentaire belge du 30 juillet 1892. Cette loi entend par Sociétés de crédit celles qui ont pour objet exclusif de faire des prêts en vue de la construction ou de l'achat d'immeubles destinés à servir d'Habitation aux classes ouvrières. (Projet lux. art. 6 § 2).

Ces sociétés de crédit ont de grandes ressemblances avec les célèbres *Building Societies* anglaises et américaines. Ces florissantes sociétés, contrairement à ce que semble indiquer l'étymologie de leur nom, (*to build*, bâtir, faire bâtir) ne construisent pas elles-mêmes, mais prêtent des capitaux en vue de la construction. Leurs membres effectuent un versement fixe d'un nombre donné de pence par semaine. Lorsque ces versements ont atteint un certain chiffre, l'intéressé en exige le remboursement intégral, et comme la régularité périodique des payements a suffisamment établi son crédit, l'association lui fait un prêt égal au montant de la somme remboursée ; ce prêt est ensuite amorti par de nouveaux versements hebdomadaires.

Il est devenu de mode d'exalter les merveilleux résultats de cet ingénieux mécanisme. Les *Building Societies* anglaises avaient en 1895 un revenu annuel de 750 millions de francs. Les associations similaires des Etats-Unis possèdent une fortune d'un milliard et demi de francs.

Le législateur belge de 1889 ne prévoyait pas encore l'avenir brillant

(1) Le règlement du 21 septembre 1896 a malheureusement cru devoir insister sur le caractère exclusif des diverses Sociétés à cause de certaines préoccupations fiscales. Ainsi sont exclues des faveurs de la loi les Sociétés, peut-être les plus grandes et les plus utiles, celles qui font le bien de plusieurs manières à la fois, telles que la Société philanthropique de Paris, et la Société des logements économiques et d'alimentation à Lyon (Cfr. Rapport Cheysson de 1898).

des Sociétés de crédit ; la loi de 1892 vint les introduire et ouvrir par là à l'œuvre des Habitations une ère nouvelle. L'année 1897 a vu la constitution d'une seule Société de construction et de 12 Sociétés de crédit. Dans un savant travail, publié récemment par le *Bulletin de la Société française des Habitations à bon marché, M. Delecroix* a étudié les raisons de la préférence accordée en Belgique aux Sociétés de crédit. Ces raisons sont nombreuses et variées. Le vieux proverbe wallon : « Pauvre homme en sa maison est roi » contient une grande part de vérité. L'ouvrier se sent plus chez lui dans la maison,qu'il a bâtie d'après son propre plan, d'après ses goûts, si imparfaits soient-ils, que dans celle construite par une Société immobilière.Celle-ci ressemble aux vêtements qu'on achète tout faits, celle-là aux vêtements faits sur mesure.

D'après un rapport présenté récemment par *M. Challamel* au *Conseil Supérieur des Habitations à bon marché* (1), les Sociétés autorisées conformément à la loi du 30 novembre 1894, sont actuellement au nombre de 33, dont 22 Sociétés anonymes et 11 Sociétés coopératives. Pendant l'année 1898 l'autorisation ministérielle a été accordée à cinq Sociétés nouvelles dont 4 Sociétés anonymes et une Société coopérative. Ces chiffres sont peu satisfaisants ; mais en dehors des Sociétés remplissant les conditions de la loi de 1894 fonctionnent un certain nombre de Sociétés libres qui se contentent du régime de droit commun.

L'année 1898 a été marquée en France par la constitution d'une vaste Société de crédit, dont les organisateurs attendent beaucoup de bien. Pendant près de cinq ans la Caisse des Dépôts et Consignations refusa de faire application de l'article 6 § 2 de la loi de 1894, l'autorisant à « employer, jusqu'à concurrence du cinquième, la réserve provenant de l'emploi des fonds des Caisses d Epargne qu'elle a constituées, en obligations négociables des Sociétés de construction et de crédit ».

Elle motivait ce refus par l'insuffisance de la surface financière des Sociétés, qui voulaient recourir à son intervention. La *Société de crédit des Habitations à bon marché* a été constituée le 20 Juillet 1898 au capital de 500,000 francs ; elle est destinée à servir d'intermédiaire et de garantie aux Sociétés de construction ; son dividende maximum est limité à 3 %.

Le fonctionnement de cet organisme nouveau est subordonné à certaines conditions indiquées notamment dans un rapport de M. *Siegfried*, publié par le *Journal Officiel* du 19 mai 1899. Déjà quatre Sociétés immobilières out eu recours à ce nouvel intermédiaire, et négocié leurs obligations pour une somme d'environ 700,000 francs.

(1) *Journal Officiel* du 19 mai 1899.

La question des garanties que les Sociétés doivent exiger avant l'octroi de tout prêt n'est pas soumise à notre examen. Elle ne pouvait guère se poser en France avant l'année 1898, puisqu'il n'existait aucune Société de prêts. En Belgique elle est d'une importance capitale, et se trouve généralement liée à celle des emprunts faits à la Caisse d'Epargne.

La *Caisse générale belge d'Épargne et de retraite* prescrit aux Sociétés de crédit qui ont recours à ses services, d'exiger au moins le dixième de garantie de la part de leurs emprunteurs. Certaines Sociétés locales ont renchéri sur ces conditions ; de ce nombre est entre autres le *Foyer ardennais*, qui exige la garantie du sixième, en vue de parer aux pertes et aux insolvabilités éventuelles.

La constitution des diverses Sociétés sera conforme au régime légal des différents pays et à la forme adoptée par elles. La plupart des Sociétés d'Habitations à bon marché choisissent la forme anonyme ; les coopératives seront moins nombreuses au Grand-Duché, comme elles sont moins nombreuses en France et en Belgique (1).

Les Sociétés ainsi constituées contribueront, chacune dans sa sphère, à la solution du grave problème des Habitations à bon marché. Vouloir leur tracer une voie uniforme, vouloir les endiguer et les renfermer dans un étroit moule législatif, serait les condamner d'avance à un échec certain et inévitable. Les législateurs des divers pays ont eu sur ce point une vue exacte des intérêts, qu'ils-étaient chargés de régir et de sauvegarder; ils ont avec raison consacré l'existence d'établissements variés, de Sociétés diverses. Pourvu que le bien se fasse, peu importe la manière dont chacun entend l'accomplir. La loi belge nous paraît aller trop loin, en obligeant les Sociétés de crédit à faire exclusivement des prêts, en ne permettant pas aux Sociétés de construction d'en faire (2).

Les nécessités locales indiquent aux Sociétés de construction dans quelle direction elles doivent plus spécialement exercer leur bienfaisante activité ; les unes construisent des maisons nouvelles, isolées ou collectives, les autres améliorent les habitations existantes. Tout dépend en

(1) Nous sommes heureux de constater que dans ces dernières années les sociétés coopératives françaises ont augmenté en nombre et en valeur. Sur 33 Sociétés d'Habitations à bon marché qui existaient en 1896, il n'y avait que 8 Sociétes coopératives. Dans son rapport de 1899 M. Cheysson compte 13 Sociétés coopératives 28 Sociétés anonymes. Comprenant enfin les bienfaits de la solidarité, les ouvriers français paraissent décidés à compter sur eux-mêmes et à s'entr'aider mutuellement en vue d'améliorer leur sort Si cette heureuse tendance venait à se généraliser, la solution de la question sociale serait presqu'assurée.

(2) Le décret réglementaire français du 21 septembre 1896 mérite le même reproche.

cette matière des circonstances, des conditions économiques et sociales du milieu dans lequel on opère.

Les puissantes associations de Londres renoncent à fournir des logements aux malheureux dont le salaire est peu élevé et à ceux qui sont soutenus par les paroisses. Des tentatives furent faites vers 1884 pour appeler des fonds et commencer des constructions destinées à cette catégorie de citoyens ; elles échouèrent faute de ressources.

Ce fut alors au tour de *Miss Octavia Hill* d'intervenir d'une manière différente ; elle acheta des maisons délabrées, les répara, en chassa les locataires incorrigibles et ne conserva qu'un choix. Cette entreprise eut des succès inespérés. *Miss Collin* en Amérique suivit une voie semblable. L'œuvre de l'amélioration des maisons existantes rencontra en France des difficultés plus considérables. *M. Cacheux* a plusieurs fois essayé de la mettre en pratique à Paris, mais il avoue n'avoir pas obtenu de grands succès. Certaines villes de province possèdent des logements assez nombreux pour abriter la population tout entière ; il suffira de les mettre en bon état de réparation et de les améliorer. L'expropriation sera parfois nécessaire pour assainir des quartiers malsains et insalubres ; mais cette solution est grosse en conséquences de toutes sortes. *M. Georges Picot*, a insisté dans une conférence faite à *Clermont-Ferrand* le 22 janvier 1899 sur les difficultés de ce genre d'opérations.

*
* *

Les auteurs qui ont écrit sur les Habitations à bon marché ont pris l'habitude d'examiner longuement s'il convient de rendre l'ouvrier propriétaire ou s'il est préférable de lui garder sa qualité habituelle de locataire.La solution de ce problème varie suivant les professions et suivant les circonstances de fait et de milieu. Le patron qui édifie autour de son usine de vastes cités ouvrières a tout bénéfice à s'assurer par ce moyen un personnel stable, intéressé à la prospérité de son industrie. Malheureusement les ouvriers n'accueillent pas toujours avec la faveur qu'elle mérite, cette initiative patronale ; aux habitations confortables qu'on leur offre à des loyers très acceptables, ils préfèrent bien souvent les taudis infects et plus chers, dans lesquels ils sont les maîtres absolus. La maison bâtie par le patron leur semble offrir d'insuffisantes garanties d'indépendance. On peut regretter ce fait, mais on ne peut pas ne pas en tenir compte en pratique.

Il est des cas, où il est impossible de rendre l'ouvrier propriétaire, sans nuire à ses intérêts. Obligé de chercher son travail où il le trouve, l'ouvrier industriel participe jusqu'à un certain point à l'instabilité du kabyle toujours en quête de pâturages nouveaux. Les industries ne s'éta blissent pas toujours à demeure fixe dans telle ou telle contrée ; comme les individus, elles sont parfois obligées d'émigrer vers un ciel meilleur. L'ouvrier est tenu de suivre l'usine qui lui donne son pain de chaque jour. La maisonnette acquise au prix de mille efforts devient alors un lourd boulet entravant sa marche, un obstacle à son libre déplacement. Il convient donc de s'abstenir sur ce point des généralisations inconsidé- rées et des principes trop rigides.

Est-il en outre bien nécessaire d'insister sur l'énormité des frais occa- sionnés par les licitations en justice ? Avant la loi du 23 octobre 1884 ces frais atteignaient pour une propriété moyenne de 2,000 à 5,000 francs la proportion de 15,17 % ; pour une propriété de 1,000 à 2,000 francs ils montaient à 25,94 % ; au-dessous de 500 francs le prix de la vente en justice était plus qu'absorbé par la procédure. C'est à ce résultat qu'ar- rive finalement le formidable attirail législatif destiné dans la pensée de ses inspirateurs à protéger les faibles.

Que sert-il à l'ouvrier de devenir propriétaire, si sa propriété, acquise tardivement, est fatalement condamnée à devenir la proie des hommes de loi ? On a donc dû imaginer d'ingénieuses combinaisons qui sans transférer la propriété de la maison à l'occupant, lui assurent pratique- ment des avantages plus considérables par cela même qu'ils sont moins précaires.

. L'ouvrier agricole et le petit cultivateur ont plus d'intérêt à acquérir définitivement la propriété de leur habitation ; ils sont plus portés à s'at- tacher à leur modeste *home* ; ils émigrent plus rarement. Les heureuses qualités que développe l'*animus dominii*, s'épanouissent plus librement chez cette population de goûts sédentaires et assurent la conservation de cette forte race de petits propriétaires, qui est une des meilleures garan- ties de la prospérité générale d'un pays.

Lorsque l'ouvrier doit acquérir la propriété de la maison qu'il habite, il est obligé d'en amortir progressivement le prix. Cet amortissement revêt suivant les cas des formes très diverses ; il tient compte des res- sources financières du débiteur, de sa situation de famille, de son âge, des garanties qu'il peut offrir au créancier. L'avenir n'en reste pas moins incertain, riche en surprises soudaines et en catastrophes imprévues. La mort ne choisit pas ses victimes ; elle peut surprendre dans la maturité de l'âge le malheureux en voie de payer sa maison. L'œuvre tout entière serait donc compromise, si les bienfaits d'une assurance bien réglée ne venaient la soutenir. Les savants travaux de notre vénéré maître,

M. Cheysson, ont puissamment contribué à rendre ces assurances aussi souples et aussi peu onéreuses que possible. Car les combinaisons les plus attrayantes ne deviennent vraiment utiles, que du jour où elles n'imposent plus à l'ouvrier que des charges minimes, en rapport avec son faible budget.

Les lois sur les Habitations à bon marché contiennent des dispositions spéciales concernant les assurances à contracter. Il en est ainsi de la loi belge de 1889 (art. 8), du projet luxembourgeois (art.3], de la loi française de 1894 (art. 7). Une loi récente du 17 juillet 1897 a complété cette dernière, en introduisant un nouveau mode d'assurances, l'*assurance mixte*, dont l'expérience belge avait montré la valeur. Voici l'article premier de cette loi : « La Caisse d'assurance en cas de décès, instituée en vertu de la loi du 11 juillet 1868, est autorisée à passer, soit avec les Sociétés de secours mutuels en faveur de leurs membres participants, soit avec des contractants individuels, faisant ou non partie des Sociétés de secours mutuels, soit avec les chefs d'industrie au profit de leurs ouvriers, des contrats d'assurance mixte ayant pour but le payement d'un capital déterminé, soit aux assurés eux-mêmes, s'ils sont vivants, à une époque fixée d'avance, soit à leurs ayants-droit et aussitôt après le décès, si les assurés meurent avant cette époque. »

« Ces assurances ne pourront se cumuler avec d'autres assurances individuelles en cas de décès que jusqu'à concurrence de 3,000 francs. La durée du contrat devra être fixée de manière à ne pas reporter le terme de l'assurance après l'âge de soixante-cinq ans. L'assuré pourra stipuler que la moitié seulement de la somme assurée sera payable à ses ayants-droit, s'il décède au cours du contrat. »

On avait hésité en 1894 à greffer sur une question d'assurance une question d'amortissement, et à augmenter la masse des capitaux à gérer par la Caisse. Cette raison explique, suivant *M. Cheysson*, pourquoi le législateur de 1894 s'était refusé à faire entrer l'assurance mixte dans son système, et à sanctionner, dès le début, cette combinaison éminemment heureuse.

Les risques de l'assurance temporaire étant décroissants, la prime commence par son maximum pour s'annuler à la fin du contrat. La Caisse permet toutefois à ses clients de s'acquitter, soit par une prime unique, soit par une prime constante, payée pendant une partie de la campagne. A ces trois primes *M. Cheysson* fait le reproche d'exiger le maximum d'efforts et de sacrifices au début de l'opération, — ce qui peut rebuter les timides ;— ses préférences vont vers une prime constante et uniforme, payée pendant toute la durée de l'amortissement.

Chargée de la gestion de la Caisse d'assurances en cas de décès, la Caisse des dépôts et consignations se prononce souverainement sur les demandes d'assurances. La procédure à suivre dans ces demandes est indiquée dans une notice, rédigée en exécution de l'article 7 de la loi de 1894. *M. Cheysson* a donné un commentaire détaillé de ce document dans un rapport présenté au Congrès de *Bordeaux* de 1895. L'assurance mixte de la loi de 1897 ne garantit pas seulement le payement des annuités et le remboursement des prêts au cas du décès de l'assuré pendant la période d'amortissement; elle prévoit en outre le versement d'une somme déterminée, soit à l'assuré lui-même, s'il vit encore au moment de l'échéance, soit à ses héritiers et ayants-droit.

La loi belge est moins compliquée et plus expéditive. Elle autorise « la Caisse générale d'Épargne et de retraite à traiter des opérations d'assurance mixte sur la vie ayant pour but de garantir le remboursement, à une échéance déterminée ou à la mort, si elle survient avant cette échéance, des prêts consentis pour la construction ou l'achat d'une habitation. »

La Caisse d'Épargne belge est ainsi à la fois Caisse d'assurance et Caisse de prêts. Il ne reste pas de place aux intermédiaires, dont l'intervention pourrait compliquer la procédure et augmenter les frais. La Caisse met son crédit à la disposition des Sociétés immobilières, qui construisent les maisons ; elle prête ses fonds à la Société de crédit, qui à son tour les avance aux ouvriers construisant leur propre habitation. Reprenant ensuite son œuvre bienfaisante sous une forme nouvelle, elle devient Caisse d'assurance pour garantir les annuités dues aux Sociétés qui ont eu recours à ses avances.

Obéissant à des considérations d'humanité et d'intérêt supérieur, la Caisse belge n'abuse pas du monopole apparent que la loi semble lui avoir octroyé ; elle voit d'un bon œil les compagnies privées, qui signent des contrats d'assurance mixte avec les ouvriers, ou leur avancent des fonds. La Compagnie d'assurances générales sur la vie s'est surtout distinguée dans cette concurrence de bon aloi ; de simples particuliers, désireux de faire le bien sans s'appauvrir, ont consenti des prêts importants en faveur des habitations à bon marché.

Cette sage conduite du grand établissement financier a contribué pour une large part au rapide épanouissement de l'œuvre des maisons ouvrières en Belgique. Usant largement de l'autorisation légale, la Caisse d'Épargne a fait d'importantes avances aux Sociétés de construction et de crédit, en s'entourant toutefois des garanties les plus sérieuses ; pour assurer le payement des annuités dues aux Sociétés, elle a réouvert ses guichets à sa nombreuse et intéressante clientèle, en se résignant à jouer un rôle nouveau, le rôle d'assureur ; l'ouvrier est l'assuré et paie les primes ; la Société de crédit ou de construction recueille l'indemnité, s'il y a lieu.

Faisant un choix judicieux parmi les mesures utiles adoptées par les pays voisins, les rédacteurs du projet luxembourgeois ont suivi en matière d'assurances l'exemple donné par la Belgique. Dans son texte primitif l'article 3 autorisait « la Caisse d'Épargne à traiter soit directement soit indirectement par des Sociétés d'assurance sur la vie, autorisées à opérer dans le Grand-Duché, des opérations d'assurance mixte sur la vie, ayant pour objet de garantir le remboursement à une échéance déterminée, ou à la mort de l'assuré, si elle survient avant cette échéance des prêts consentis pour la construction ou l'achat d'une habitation... »

Les assurances mixtes ayant produit d'utiles résultats en Belgique, pouvaient être introduites à bon droit dans la loi luxembourgeoise ; la loi française de 1897 a elle-même sanctionné cette réforme. Mais il n'était pas nécessaire de proscrire les assurances temporaires de la loi de 1894. Aussi l'article 3 a-t-il été remanié par le *Conseil d'État* « en vue d'abandonner à la pratique la détermination de la méthode convenant le mieux aux besoins auxquels il faut pourvoir. »

La fonction nouvelle attribuée par le projet à la Caisse d'Épargne provoquera tôt ou tard une réforme radicale de la législation, qui régit actuellement cet établissement ; en attendant, les assurances seront contractées auprès des Compagnies privées opérant dans le Grand-Duché.

Au 31 décembre 1892 les capitaux assurés à la Caisse d'Épargne belge atteignaient un total de 1.377,061 fr. 56 ; dans l'espace de trois ans ce chiffre monta à 9.024.105 fr., 47. Sur 1536 propositions d'assurances présentées en 1895, 1471 furent acceptées, 57 furent rejetées, 8 furent ajournées. 3719 contrats étaient en cours au premier janvier 1896 à la Caisse d'Épargne belge, le nombre des assurés était de 3,615 ; l'écart entre ces deux chiffres provient de ce que certains assurés avaient à la fois plusieurs contrats.

III

Avantages accordés par la loi à l'Œuvre des Habitations à bon marché.

Faut-il faire des lois sur les habitations à bon marché ? S'il en faut faire, quelles dispositions doivent y trouver place ? Telle est la double et grave question que nous avons maintenant à résoudre. Nos explications seront aussi brèves et aussi claires que possible.

« L'équité demande que l'État s'occupe des travailleurs, et fasse en sorte que de tous les biens qu'ils procurent à la société il leur en revienne une part convenable, comme l'*habitation* et le vêtement, et qu'ils puissent vivre au prix de moins de privations et de peines. D'où il suit que l'État doit favoriser tout ce qui de près ou de loin, paraît de nature à améliorer leur sort. »

Ces paroles de *Léon XIII* dans l'encyclique *Rerum Novarum* condamnent les rares économistes qui refusent encore aux pouvoirs publics le droit d'intervenir dans la solution du problème des Habitations à bon marché. L'État a le droit d'intervenir ; il en a l'impérieux devoir. Car le but des associations politiques est de procurer aux citoyens un certain nombre de choses bonnes et utiles, que l'initiative privée ou individuelle est impuissante à leur assurer.

Cette intervention à ses limites. L'État « ne peut s'avancer ni rien entreprendre au delà de ce qui est nécessaire pour réprimer les abus et écarter les dangers. » (Encyclique *Rer. Nov.*) Franchir ces sages limites et aller au delà serait émousser et effrayer les initiatives individuelles, qui dans la plupart des pays ont fait de grandes choses ; ce serait rebuter les auxiliaires les plus précieux, sans lesquels toute réforme devient un leurre. Les pouvoirs publics sont radicalement incompétents pour bâtir des maisons ; de hardis innovateurs le leur permettent tout au plus au cas où tout autre remède fait défaut.

L'État travaille généralement mal et à grands frais. Faut-il rappeler le monopole des allumettes, d'autant plus lucratif que la qualité du produit est moins bonne ? Malgré de séduisantes apparences, l'État est moins riche que les particuliers qui alimentent son trésor. Que les Chambres, dans un élan de superbe générosité, votent une subvention de quelques centaines de millions pour la construction de maisons ouvrières ! Cet immense sacrifice détruit l'équilibre budgétaire, mais ne réalise qu'une amélioration partielle, locale, insuffisante : des dépenses de ce genre affaiblissent et intimident l'initiative privée, et font en somme beaucoup plus de mal que de bien.

Nous pensons donc que l'État doit intervenir, ou plutôt, qu'il ne doit pas se désintéresser de la question des Habitations. Semblables au philosophe ancien qui prouvait le mouvement en marchant, la plupart des États contemporains, insoucieux des discussions théoriques et des divergences d'École, ont prouvé leur droit d'intervention en intervenant ; il est vrai que dans certains cas ce droit a dégénéré en licence. Un délégué français a pu dire avec raison au congrès de Bruxelles que l'intervention des pouvoirs publics est un fait accompli, un fait nécessaire. Il faut pourtant s'enten-

sur le sens du mot *intervention,* qui a une signification toute différente suivant qu'il est proféré par *M. Lucipia* ou par son contradicteur de Bruxelles, *M. Cheysson.* Un économiste belge a comparé l'action des pouvoirs publics, stimulant l'initiative privée sans la détruire, à celle du chimiste, échauffant légèrement le mélange inerte dans lequel il veut provoquer une réaction atomique, dont l'intensité naturelle suffira pour produire le résultat voulu.

L'État doit intervenir en matière d'hygiène et de salubrité ; jouissant d'une indépendance complète, d'une autorité universelle et incontestée, peut librement s'élever au-dessus des intérêts privés et faire abstraction des questions de personnes. Depuis 1790 tous les pays civilisés se sont donné des lois garantissant la salubrité publique ; on n'en a peut-être pas tiré tout le profit nécessaire ; il en est certainement ainsi de la loi française de 1850.

Il arrive parfois que les petits logements se louent proportionnellement plus chers que les appartements plus vastes et confortables. Ce phénomène trouve son explication dans le jeu de l'offre et de la demande. Certains savants voudraient faire intervenir la loi pour remédier à cet état de choses apparemment injuste. Une telle intervention pourrait devenir très compromettante, et s'étendre rapidement au delà du terrain étroit qu'on lui assigne ; les réglementations de ce genre sont toujours dangereuses, et dépassent facilement la mesure. La fixation du taux des loyers reste en dehors des attributions de l'État ; elle est d'ailleurs parfaitement inefficace et ouvre la porte à mille abus. Le seul remède consiste dans le concours prêté par la puissance publique aux Sociétés immobilières et aux Sociétés de crédit, qui améliorent les Habitations et en abaissent les loyers.

Ce concours se manifeste de différentes manières ; dans certains pays il est plus direct et plus apparent ; dans d'autres l'immixtion gouvernementale est plus prudente et mesurée. Les traditions nationales et les habitudes sociales et économiques indiquent au législateur perspicace dans quel sens il doit orienter ses vues réformatrices. L'absolutisme russe n'a guère à tenir compte des susceptibilités de ses administrés ; l'intervention de l'État peut se faire sentir assez énergiquement en Allemagne. Le gouvernement français lui-même, malgré de trompeuses apparences, peut prendre des mesures, qui émeuteraient les pacifiques populations belges. Les Anglais, fiers de leurs libertés constitutionnelles, ne répugnent pourtant pas à l'intervention directe de l'État et des personnes publiques dans la question des Habitations. Ces quelques considérations suffisent pour démontrer, que le législateur ne peut dignement et utilement s'acquitter de sa haute mission que s'il connaît à fond l'histoire et les traditions de son pays ; sans cette connaissance difficile, mais nécessaire, il risque de compromettre les intérêts qu'il doit servir.

Il est certainement exagéré d'imposer aux industries d'un pays l'obligation de construire des Habitations ouvrières, et de fournir des logements aux ouvriers étrangers qu'elles emploient. L'intérêt patronal est le meilleur guide en cette matière ; les chefs d'industrie accomplissent librement la tâche que la loi ne peut leur imposer.

On a souvent demandé que l'État transportât gratuitement, ou du moins à un tarif réduit, les matériaux destinés à la construction de maisons à bon marché. D'après l'opinion des économistes les plus compétents, les meilleures lois sont celles qui édictent des mesures générales, égales pour tous.

Les excellents travaux de *M. Georges Picot* nous dispensent de justifier cette proposition, que l'expérience des peuples a pleinement confirmée. L'État, dit *M. Picot* dans un rapport soumis aux délibérations du dernier congrès des Habitations, nous doit quatre concessions de premier ordre.

1) Des lois égales pour tous, sans faveurs individuelles, sans privilèges pour une classe de citoyens ou pour un objet déterminé ;

2) Effacer certaines interdictions, lever les obstacles qui empêchent le jeu naturel des capitaux ;

3) Provoquer, à certaines époques, des enquêtes approfondies sur la condition des petits logements ;

4) Ordonner des mesures générales d'hygiène s'appliquant à toutes les maisons indistinctement.

Les trois lois, fançaise, belge et luxembourgeoise ont été à peu près fidèles à ce programme tracé de main de maître. Elles accordent en faveur des maisons à bon marché des facilités de crédit auprès de certains établissements publics, notamment auprès des Caisses d'Épargne, et des exemptions fiscales. Un autre avantage légal, et non des moindres, consiste dans la faculté de s'assurer contre les incertitudes du lendemain auprès des Caisses limitativement indiquées par le législateur.

****

L'ouvrier plus que tout autre est soumis à la toute-puissance de l'argent, au despotisme du métal blanc ou jaune. Il est obligé par la plus dure des nécessités d'être économe et de faire des épargnes, de mettre en réserve une partie de son faible salaire pour établir ses enfants, pour assurer à lui-même et à ceux qu'il aime un lendemain sans soucis, à l'abri de la misère. Le salaire suffit généralement pour lui donner son pain de chaque jour. Mais il viendra un temps où la main affaiblie se refusera à manier le lourd outil, où l'épargne seule pourra garantir le malheureux forcé de se replier sur lui-même contre les dangers de la vieillesse et contre les cruels hasards de la vie.

On ne demande pas seulement à l'ouvrier d'être économe ; l'ouvrier français possède cette qualité à un degré très élevé ; on lui demande de faire des économies, ce qui est tout différent. Nous n'avons pas à relever ici les nombreux avantages que produit l'épargne au point de vue moral. Etant le fruit d'un sacrifice continuel, de privations continuelles, elle donne au caractère cette forte trempe que nous rencontrons jusque dans les classes les moins élevées de la société ; il nous suffit d'en avoir montré la nécessité pour ainsi dire matérielle.

Les pouvoirs publics doivent encourager l'épargne et la prévoyance, qui sont les gages de la prospérité générale. Les bas de laine de nos ancêtres sont passés de mode. L'épargneur entend faire fructifier les sommes qu'il a réussi à soustraire à la consommation immédiate. Les occasions de les placer ne sont pas rares. Le crédit est sollicité tous les jours par les entreprises les plus diverses. Malheureusement ces appels de fonds ne sont pas toujours suffisamment loyaux ; les séduisantes proclamations de la spéculation véreuse, qui exploite des gisements houillers à Montmartre, des mines d'or à Francfort ou à Bruxelles, ont trop souvent eu raison de l'inexpérience et de la cupidité des bailleurs de fonds.

Pour garantir les faibles contre leur propre imprévoyance, des hommes de cœur et d'action ont créé des établissements qui, renonçant aux entreprises hardies et dangereuses, offrent, moyennant une rémunération suffisante, un placement de tout repos. Ce fut là l'origine des Caisses d'Épargne qu'un banquier philanthrope, *Benjamin Delessert*, acclimata en France vers l'année 1818. Offrant aux déposants les garanties les plus sérieuses, ces bienfaisants établissements attirent vers eux les capitaux produits dans le pays, où ils opèrent ; mais par cela même ils risquent de soutirer aux entreprises industrielles et commerciales les ressources nécessaires à la production nouvelle. Ce grave inconvénient se manifeste plus particulièrement dans les pays, où les fonds accumulés par l'épargne populaire doivent recevoir une destination strictement réglementée par les faiseurs de lois. C'est alors que les Caisses d'Épargne deviennent, suivant la forte expression de Léon Say *de simples guichets publics sous le niveau égalitaire de la servitude de l'État.*

Cette imprudence politique nuit à l'industrie dont elle détourne et distrait les ressources naturelles ; elle peut entraîner dans des moments difficiles de grands dangers pour le crédit public. Employés en rentes sur l'Etat ou dans les multiples opérations de trésorerie, les capitaux des Caisses d'Epargne ne peuvent être remboursés à première réquisition ; la fameuse clause de sauvegarde qui a trouvé place dans la législation française n'est alors qu'un palliatif insignifiant. En espaçant les remboursements elle ne fait qu'accroître l'affolement.

Il appartient au législateur de parer à ce danger pressant. Succombant sous l'accumulation des capitaux drainés dans le pays tout entier, les Caisses d'Epargne doivent, par un heureux mouvement de reflux, les répandre de nouveau dans les lieux qui les ont produits. L'épargne, rentrant alors dans son rôle naturel, servira de base à une nouvelle production de richesses.

La France s'est laissée devancer dans cette voie par un certain nombre de pays étrangers, et lorsqu'enfin elle s'y engagea d'un pas hésitant, ce ne fut que pour s'arrêter à chaque instant et pour se heurter à toutes les pierres du chemin. La loi Siegfried marqua un premier et timide progrès : une loi postérieure du 20 juillet 1895 entr'ouvrit un peu plus libéralement l'accès aux fonds de l'épargne. Quoique les résultats atteints soient encore peu satisfaisants, nous sommes en droit de bien augurer de l'avenir ; l'initiative d'hommes comme M. Rostand et l'expérience de peuples voisins moins timides finiront par porter leurs fruits. L'avenir de l'œuvre des habitations est à ce prix ; le succès même des Caisses d'Epargne est intimement lié à la nouvelle orientation de leur activité. L'examen des dispositions législatives concrètes, auquel nous allons procéder, nous montrera la nature précise du but à poursuivre et les moyens pratiques de le réaliser avec sécurité.

****

Sur les conclusions de M. Rostand, le Congrès de Paris de 1889 vota la résolution suivante : « L'intervention des Caisses d'Épargne dans le développement des habitations à bon marché est légitime et utile, à condition de demeurer circonspecte. Cette intervention peut se réaliser sous des formes variées. Le législateur peut et doit favoriser cette intervention, soit en reconnaissant une liberté partielle d'emploi des dépôts et des patrimoines, soit en réduisant les charges fiscales ».

La Caisse d'Épargne de Lyon, engagée en 1889 dans la Société des logements économiques de Lyon pour mille actions de 500 francs, retira de cette intervention de bon aloi des avantages pécuniaires très considérable. Elle a touché généralement un dividende de 4 %. La Caisse d'Épargne de Marseille, placée sous l'habile et intelligente direction de

M. Rostand poursuivit une voie analogue, tout en se servant de moyens différents ; elle fit servir ses ressources à des œuvres philanthropiques variées : à la construction directe de maisons à bon marché, à des opérations de crédit aux Sociétés immobilières, à des prêts hypothécaires... La Caisse de Lyon arriva au but en interprêtant largement ses statuts autonomes. M. Rostand dut se faire autoriser à chaque nouvelle innovation par les pouvoirs publics ; les décrets du 13 août 1888, du 4 février 1889, la lettre ministérielle du 16 décembre 1889, le décret du 30 juillet 1892 marquèrent successivement les étapes de cet heureux progrès. Leurs dispositions contribuèrent, suivant l'expression même de M. Rostand, « à faire retourner à des perfectionnements nouveaux de la prévoyance, au profit du peuple laborieux, honnête et économe, et spécialement à l'amélioration du foyer, une part des capitaux constitués par cette prévoyance elle-même et par ce peuple. »

L'exemple de M. Rostand trouva de nombreux et dévoués imitateurs. De ce nombre fut notamment le regretté directeur de la Caisse belge d'Épargne et de retraite, *M. Mahillon*, qui assuma la lourde tache de jouer en Belgique un rôle analogue à celui que M. Rostand joue à Marseille et en France. « Si l'on veut, disait cet apôtre de la sage prévoyance au *Congrès du crédit populaire* à Lyon en 1892, qu'une Caisse centrale d'Épargne, couverte du prestige que lui vaut la garantie de l'État, produise les effets bienfaisants et utiles qu'on est en droit d'exiger d'elle, il est indispensable qu'elle soit complétée par des organismes distincts qui régularisent son fonctionnement. Elle court le risque de grandir démesurément, si elle ne restitue à la circulation locale une partie des capitaux qu'elle draîne dans tout le pays, ou si, à mesure qu'elle se développe, des institutions concurrentes et régionales ne viennent contrebalancer sa puissance d'attraction... »

A côté des Caisses d'Epargne nous trouvons dans les divers pays un certain nombre d'établissements qui, disposant de capitaux considérables, sont en mesure de rendre de grands services à l'œuvre des Habitations à bon marché ; il en est ainsi des bureaux de bienfaisance, des hospices et hôpitaux etc... *M. Léon Berthet* a déposé dans la session de la *Chambre française* du 14 novembre 1898 une proposition de loi, tendant à permettre aux syndicats professionnels de créer des Habitations à bon marché. Effaçant généreusement les dispositions restrictives des articles 6 et 8 de la loi du 21 mars 1884, qui interdisent aux syndicats professionnels d'acquérir d'autres immeubles que ceux qui leur sont nécessaires pour leurs réunions, leurs bibliothèques et leurs cours d'instruction professionnelle, la proposition Berthet leur permet « d'acquérir, moyennant autorisation préfectorale, des terrains pour y édifier des Habitations à bon marché destinées, non pas à être louées, mais à être vendues, à échéances fixes ou par paiements fractionnés, à ceux de leurs membres qui ne sont propriétaires d'aucune maison... » ; « les syndicats pourront contracter des emprunts en vue de payer ces acquisitions et les constructions à y établir ; ils pourront gager ces emprunts par tous les moyens ordinaires, y compris l'hypothèque et la subrogation aux privilèges tant du vendeur que du constructeur... »

L'Institut d'Assurance contre les accidents de *Trieste*, administré sous le contrôle immédiat du Gouvernement autrichien, a placé, en 1896, plus de 100,000 florins en habitations ouvrières, qui, situées au milieu de jardins mis à la disposition des locataires, se louent à bon marché (1).

Les Sociétés allemandes pour l'Assurance légale contre la vieillesse et l'invalidité ont affecté aux Habitations ouvrières des sommes importantes, formant au premier janvier 1847 un total d'à peu près 12 millions de marcks (2).

Il ne sera pas inutile d'indiquer à l'appui de ces chiffres officiels communiqués au Congrès de Bruxelles par des personnages d'une compétence incontestée, le résultat heureux de l'intervention d'une modeste institution locale allemande dans l'œuvre des Habitations.

La Caisse d'invalidité et de vieillesse de *Posen* a, d'après les indications fournies par la *Reichszeitung*, fait des avances très importantes à la Société de bienfaisance, de construction et d'épargne de cette ville ; ces avances se montaient, vers la fin de l'année 1897 à la somme de 500,000 marks, portant intérêt à un taux variant entre 3 et 2 1/2 %. Cet exemple pourra être utilement imité en France lorsque la loi sur l'assurance contre les accidents aura fonctionné pendant quelque temps. Remarquons en passant que la Société de Posen espère arriver à assurer à la population laborieuse des habitations saines et agréables pour 150 marks par an (187 francs 50).

Les administrations charitables ont également un intérêt supérieur à consacrer au moins une partie de leurs ressources à l'œuvre des maisons à bon marché. Bien souvent cette intervention leur assure un revenu important ; toujours la décroissance des maladies et des infirmités engendrées par les logements insalubres leur procure une économie certaine, par cela même qu'il y aura moins de misères à soulager. Un économiste

---

(1) Discours de M. le Landesrath *Max Brandts* de Dusseldorf, prononcé à la deuxième séance du Congrès de Bruxelles. Cf. *Compte-rendu officiels*, p. 434.

(2) Discours prononcé au Congrès de Bruxelles par M. le baron de Schwartzenau de Vienne. Cf. *Compte-rendu officiel*, p. 418.

belge, *M. de Quéker*, a magistralement traité ces questions dans un rapport soumis au Congrès de Bruxelles. Une circulaire ministérielle belge du 22 mai 1891 a avec raison insisté sur ce côté humanitaire de l'intervention pécuniaire des établissements charitables. « Le mauvais état des habitations, dit le document officiel, l'insalubrité de certains quartiers, le défaut d'espace, de ventilation et de propreté se traduisent invariablement par une augmentation de la dépense du service médical et du chiffre des journées d'entretien dans les hôpitaux. »

C'est au Bureau de bienfaisance de Nivelles, que revient l'honneur d'avoir le premier compris l'utilité de ce genre d'opérations ; ses premières constructions de maisons à bon marché datent de l'année 1858. En 1889, vingt autres bureaux avaient suivi l'exemple des Nivellois et déboursé environ 9 millions de francs.

Un des doyens du Parlement belge, *M. Woeste*, a éloquemment fait ressortir les avantages de cette nouvelle orientation de l'activité des établissements charitables dans un discours prononcé le 2 juillet 1889. « Il y a, disait-il, des administrations de bienfaisance, en grand nombre, qui ont un patrimoine important et qui pourraient en distraire une partie pour ériger des habitations ouvrières »... peut-être, ajoutait le grand orateur, « le gouvernement a-t-il les moyens de les y amener ? » Ces paroles, prononcées après la réussite des tentatives faites à Nivelles, à Anvers, à Tournay, à Wawre, etc., mériteraient d'être sérieusement prises en considération par les amis du peuple et des classes ouvrières.

Un certain nombre d'administrations charitables sont intervenues sans tirer de leur initiative d'autre résultat appréciable que des pertes d'argent. Cette expérience prouve que toute intervention n'est pas bonne ; elle ne prouve pas qu'aucune ne le soit. « Autant vaudrait, suivant l'expression de *M. de Quéker*, condamner la charité publique et privée elle-même, parce que certains donateurs, par leur manière maladroite de faire l'aumône, cultivent le pauvre au lieu de le sauver. »

L'intervention des communes et des autres personnes publiques peut conduire à de graves échecs. Que ces établissements placent une partie de leurs fonds disponibles dans les Sociétés de construction et de crédit! Rien de mieux ; il suffit qu'ils s'entourent des garanties les plus sérieuses. La plupart des économistes ne leur permettent que dans des cas exceptionnels de construire directement.

Le gouvernement prussien a souvent concédé aux ouvriers voulant bâtir, des terrains gratuits, des primes importantes, et même des avances remboursables à long terme, sans intérêts. L'article 59 de la loi anglaise du 18 août 1890 permet aux autorités locales de construire sur tout terrain acheté ou amélioré par elles des maisons propres à recevoir des ménages ouvriers. La *Corporation* ou municipalité de *Liverpool* a ainsi élevé de vastes constructions, tout en retirant un intérêt suffisant du capital engagé. Dix millions de francs ont été employés de 1892 à 1897 par le *County Council* de Londres pour construire des maisons ouvrières. Au Congrès de Bruxelles le délégué de ce conseil a vanté les avantages hygiéniques, économiques et financiers de cette opération. Mais *M. Georges Picot* a constaté que cette intervention des pouvoirs publics, se faisant constructeurs de maisons, a brusquement paralysé l'essor de l'initiative privée.

Au moment de la discussion au Sénat de la loi de 1894, *MM. Buffet* et *Boulanger* ont cru devoir attirer l'attention de la haute assemblée sur les dangers pouvant résulter du placement dans différentes entreprises philanthropiques des capitaux de certaines institutions. « Tous les faiseurs de grands projets humanitaires, disait M. Buffet, ont tourné leurs regards vers ces caisses où il y a des dépôts de plusieurs milliards. Ils veulent se jeter sur ces dépôts dont l'État, en définitive, est responsable, et entendent les employer à la réalisation de leurs merveilleuses améliorations sociales. Il n'y aura pas, il est vrai, de crédit à inscrire au budget, mais dans un jour de grande crise que nous devons toujours prévoir, comment rembourserez-vous les dépôts ? »

M. Boulanger, alors membre du comité de surveillance de la Caisse des dépôts et consignations, se montra hostile à l'idée d'employer une partie des capitaux de ce puissant établissement à l'œuvre des maisons à bon marché. « Nous voulons, disait l'éminent sénateur, que les fonds, destinés au remboursement des consignations, soient mobiles, et qu'à certains moments nous puissions en avoir la disposition. Or nous considérons dans la Commission de surveillance, que placer des fonds de cette nature en habitations ouvrières... c'est se condamner à n'en avoir plus la disposition à un moment donné. J'ajoute que c'est une tentative très malheureuse que d'entraîner un grand établissement comme la Caisse des dépôts et consignations dans des opérations de ce genre. »

Ces appréhensions sont évidemment légitimes ; il serait téméraire de mettre par des clauses soi-disant humanitaires, des établissements de dépôts dans la fâcheuse alternative de ne pouvoir rembourser à première réquisition les fonds des déposants. Mais faut-il en raison de cette condition spéciale, empêcher législativement que les immenses capitaux accumulés par la Caisse des dépôts et consignations et par les Caisses d'épargne ne rentrent dans la circulation au grand profit des déposants eux-mêmes, des institutions financières et des œuvres philanthropi-

ques ? Le Sénat a d'ailleurs tenu compte des remarques des deux orateurs que nous venons de citer, en réduisant dans des proportions
scrupuleusement déterminées le disponible des établissements publics qui
peuvent concourir à la construction et à l'amélioration des logements.

D'autres Etats ont été bien moins méticuleux, et ont ouvert d'une plus
généreuse main les guichets des Caisses d'épargne. Nous reviendrons
dans un instant sur ces concessions bienfaisantes, qui ne peuvent que
gagner par une extension plus large encore. Dans cette matière comme
dans tant d'autres l'intérêt bien compris n'est pas exclu par les considérations moins terre-à-terre du bien social des classes ouvrières. Le bien
qu'on peut faire sans s'imposer des sacrifices personnels coûte moins à
l'égoïsme des masses.

*
* *

L'article 6 de la loi de 1894 autorise les bureaux de bienfaisance, les
hospices et hôpitaux à employer, « avec l'assentiment du Préfet, une
fraction de leur patrimoine qui ne pourra excéder un cinquième, à la
construction de maisons à bon marché, dans les limites de leurs circonscriptions charitables, ainsi qu'en prêts hypothécaires aux Sociétés de
construction de maisons à bon marché et aux Sociétés de crédit... » La
Caisse des dépôts et consignations peut, comme nous l'avons dit plus
haut, employer jusqu'à concurrence du cinquième, la réserve provenant
de l'emploi des fonds des Caisses d'épargne qu'elle a constituée, en obligations négociables des Sociétés de construction et de crédit.

Cette loi a été complétée par l'article 10 de la loi du 20 juillet 1895, qui
autorise les Caisses d'épargne « à employer la totalité du revenu de leur
fortune personnelle et le cinquième du capital de cette fortune...en prêts
hypothécaires aux Sociétés de construction d'habitations à bon marché,
aux Sociétés de crédit, et en obligations de ces Sociétés. » Ces diverses
dispositions législatives n'ont fait que généraliser le bénéfice des exemptions et dispenses obtenues par la Caisse d'épargne de Marseille. Leur
application intégrale procurera les ressources nécessaires à l'amélioration des logements, tout en assurant aux Caisses un intérêt rémunérateur.

Au 31 décembre 1898 le solde dû aux déposants des Caisses d'épargne
ordinaires était de 3.388.364.323,61 francs ; le nombre des livrets était
de 6.842,157. La fortune personnelle de ces Caisses se montait vers la
fin de l'année 1897 à 118.550.774 fr. 20 ; cette somme était laissée en
compte-courant à la Caisse des dépôts et consignations jusqu'à concurrence de 66.258.298 fr. 65 et produisait un revenu supérieur à deux millions de francs.

Le nombre des livrets ou comptes de la Caisse d'épargne nationale, créée par la loi du 9 avril 1881, était au 31 décembre 1895 de 2.892.476 ; l'avoir des déposants était à la même date de 844.207,700 francs. Les dépôts reçus par les Caisses d'épargne françaises atteignaient donc au commencement de l'année 1898 le chiffre fantastique de 4.271.302,588 fr. 69. Il est inutile d'insister sur le service qu'un emploi habile de ces énormes ressources pourrait rendre tant à l'industrie nationale qu'à l'œuvre des habitations à bon marché. Un exemple unique suffira pour indiquer la voie à suivre. Au 1er janvier 1898 la fortune personnelle de la Caisse de Marseille était de 2.763.551,93 francs ; le cinquième de cette somme est de 550.710 francs. Le *Bulletin de l'Office du Travail* a donné dans son numéro de septembre 1898 le tableau instructif de la composition de cette fortune ; nous ne pouvons mieux faire que de le reproduire purement et simplement :

Hôtel central de Marseille et immeubles des succursales d'Aix et d'Aubagne.	395.499 fr.	22
Groupe d'immeubles de la Capelette (Hab. ouv.)	459.756	41
40 actions de la Société des Habitations salubres et à bon marché.	20.000	»
80 actions de la Société coopérative d'épargne et construction : La Pierre du Foyer.	4.160	»
Prêts hypothécaires individuels pour l'habitation de famille.	61.015	25
Prêts hypothécaires à une Société d'habitations à bon marché.	11.235	50
Prêts aux Sociétés coopératives de crédit agricole.	7.800	»
Mobilier de la Caisse centrale et des annexes, amorti de 10 %.	36.027	27
Rentes sur l'Etat.	498.858	30
Débiteurs divers, prêts à réaliser.	59.500	»
Fonds en compte-courant à la Caisse des dépôts et consignations.	1.199.699	98

Les sommes consacrées par la Caisse d'épargne de Marseille aux logements ouvriers est donc extrêmement importante ; espérons que les autres Caisses d'épargne de France ne seront pas plus longtemps rebelles à profiter de l'expérience si heureusement faite par M. Rostand.

L'article 5 de la loi belge du 9 août 1889 autorise la Caisse générale d'Epargne et de retraite « à employer une partie de ses fonds disponibles en prêts faits en faveur de la construction ou de l'achat de maisons ouvrières, après avoir, au préalable, demandé l'avis du Comité de patronage. C'est au Conseil général de la Caisse qu'appartient le droit de fixer souverainement les conditions et le taux de ces prêts. L'article 9 de la loi permet aux provinces, bureaux de bienfaisance et communes de recevoir des dons et des legs en vue de la construction de maisons ouvrières.

Le nombre de livrets existant au 31 décembre 1897 à la Caisse belge était de 1.377.643, et le compte total, après capitalisation, de 532.081,818 fr. A cette date, la Caisse avait avancé 19.697,058 francs à 104 Sociétés de constructions d'habitations ouvrières. Ces avances se répartissaient de la manière suivante :

A) Sociétés de crédit :

76 Sociétés anonymes ;	16.788.850 fr. »
8 Sociétés coopératives ;	1.407.231 »
B) Sociétés immobilières :	
19 Sociétés anonymes ;	1.407.231 »
1 Société coopérative.	24.500 »
	19.697.058 fr. »

Le solde déposé en compte-courant par les Sociétés agréées se montait à 1.456,533 francs à 2 1/2 %, et à 233,357 francs à 3 %. Le capital social des Sociétés agréées était de 11.148,450 francs. Au 31 octobre, date de la dernière statistique que nous ayons sous la main, il existait en Belgique 146 Sociétés à bon marché, dont 101 Sociétés de crédit, et 45 Sociétés de construction ; 132 étaient anonymes et 14 coopératives. Le montant des opérations de ces Sociétés s'élevait alors à 31.076,012 francs. L'intervention de la Caisse d'Épargne belge est donc bien autrement efficace que celle des Caisses françaises (1).

Il reste à signaler une différence assez importante entre les lois françaises et belges. En France les prêts peuvent être faits par les bureaux de bienfaisance, les hospices, les hôpitaux ou par la Caisse des dépôts et consignations. En Belgique le prêteur est unique : la Caisse d'Épargne ; mais, « son action est décisive, son rôle prépondérant. » Toutefois les pouvoirs et les établissements publics belges peuvent acquérir des actions et obligations des Habitations ouvrières et même construire des maisons pour leur compte.

(1) Pour compléter les chiffres statistiques, que nous venons de donner relativement aux Caisses d'Epargne, remarquons que la Caisse d'Epargne prussienne possédait à la fin de l'exercice 1897-1898 des dépôts se montant à 4.967,69 millions de marks (1 mark vaut 1 fr. 25).

L'article 4 du projet luxembourgeois reproduit l'article 9 de la loi belge en omettant naturellement le premier membre de l'énumération, « les provinces ». Le Grand-Duché de Luxembourg est divisé en districts et en cantons qui ne jouissent ni les uns, ni les autres de la personnalité juridique ; ce sont de simples circonscriptions administratives et judiciaires, comme les arrondissements français.

Vers la fin de l'année 1896 l'actif de la Caisse d'Epargne luxembourgeoise s'élevait à 9.941,294 francs ; le portefeuille, composé principalement de valeurs étrangères, se montait à 9.530,648 francs ; 221,606 fr. étaient déposés chez un banquier.

Tandis que la loi française admet la possibilité d'employer une partie des fonds libres, soit à la construction directe ou à l'acquisition de maisons, soit en obligations des Sociétés, soit en prêts aux Sociétés de construction ou de crédit, un arrêté royal interdit à la Caisse d'Épargne et de retraite belge de prêter directement aux ouvriers. Les rédacteurs du projet luxembourgeois se sont ralliés au régime pratiqué en Belgique. Ils n'admettent même comme intermédiaires que les seules Sociétés anonymes de crédit ; les Sociétés de construction sont écartées parce qu'elles paraissent présenter trop de risques ; les Sociétés coopératives de crédit n'ont pas assez de stabilité, pour pouvoir entrer en relations d'affaires avec la Caisse d'Épargne ; enfin le projet n'admet pas les intermédiaires personnels, « qui exigent trop de précautions et des opérations de garantie multiples et très compliquées. » L'avis du Conseil de la Caisse d'Épargne du 23 mars 1896 et l'exposé des motifs du projet insistent longuement sur ces diverses considérations. Aussi l'administration de la Caisse n'entend-elle intervenir au début qu'à titre purement provisoire, et par une première subvention de 50,078 francs. Il appartiendra d'ailleurs au gouvernement de fixer limitativement la somme que la Caisse d'Épargne pourra consacrer aux Habitations à bon marché.

*
* *

Les avantages fiscaux que les lois accordent aux maisons à bon marché, sont conformes aux régimes financiers de chaque pays ; il n'y a donc pas lieu de les étudier dans leurs détails. Dans l'état actuel de la législation française les maisons à bon marché sont affranchies :

1) Des contributions foncières et des portes et fenêtres, pendant une durée de cinq ans à partir de l'achèvement des travaux. (Art. 9, § 1 et 2 de la loi ; art. 50 à 58 du règlement.)

2) Sont exemptes de la taxe de main-morte les Sociétés qui ont pour

but exclusif la construction et la vente des habitations à bon marché ; mais la taxe est perçue pour les maisons exploitées par les Sociétés ou mises en location par elles (Art. 9, § 5 et 6.)

3) Les droits de mutation en vigueur sont appliqués aux habitations à bon marché ; toutefois lorsque les maisons sont payables par annuités la perception des droits pourra être fractionnée en cinq années. (Art. 10).

4) Les actes nécessaires à la constitution et à la dissolution des Sociétés de construction et de crédit sont dispensés du timbre et enregistrés gratis. Il en est de même pour les pouvoirs en vue de la représentation aux assemblées générales ; toutefois les droits de timbre sont maintenus pour les titres d'actions et d'obligations. (Art, 11.)

5) Les mêmes Sociétés sont dispensées de toute patente, elles sont exonérées de l'impôt sur le revenu, à condition que les actions soient nominatives, mais seulement pour les associés dont le capital versé ne dépasse pas 2,000 francs. (Art. 13.)

Le dernier rapport de M. *Siegfried* au Conseil supérieur des habitations à bon marché rend compte de l'application de ces mesures apparemment généreuses (1). Pour l'année 1898 les exemptions fiscales se sont élevées au chiffre encore minime de 10.523 fr. 85. La dispense quinquennale de payer les contributions foncières des portes et fenêtres a procuré un allègement de 9.058 fr. 25 ; l'exemption de la taxe des biens de main-morte a atteint le chiffre de 479,60 francs ; l'article 13 de la loi a valu une exonération de 1.186 francs. En ce qui concerne la dispense du timbre et de l'enregistrement gratuit des actes nécessaires à la constitution des Sociétés de construction d'habitations à bon marché et de crédit, 22 Sociétés en ont profité et ont évité ainsi une dépense de 2.624 fr. 75. Enfin 17 Sociétés ont été exemptées de la taxe sur le revenu des valeurs mobilières, conformément à l'article 13 de la loi du 30 novembre 1894, ce qui, sur un revenu de 26,690 francs, au taux de 4 %, représente une exonération de taxe de 1.067 fr. 60. Une seule personne a profité de la faculté, prévue par l'article 10 de la loi, de ne payer que par fractions les droits de mutation.

Ces avantages réels, retirés de la loi Siegfried ont donc été moins considérables qu'on aurait pu l'espérer en ne considérant que les textes. Il n'est pas chose facile de construire des habitations, qui satisfassent au exigences de l'hygiène sans dépasser les maxima do valeur locative fixés par l'article 5 de la loi. Le Comité de Seine-et-Oise a transmis au Conseil supérieur un vœu, tendant à relever le tarif de la loi. D'un autre

(1) Voir *Journal officiel* du 19 mai 1899, p. 3286.

côté l'Administration des contributions directes s'est montrée peu favorable à l'extension du bénéfice légal à de plus nombreuses catégories de personnes.

Dans sa séance du 8 février 1899 le Conseil supérieur eut à examiner la plainte de M. *Jacquemard,* président du *Foyer Villeneuvois* contre l'interprétation abusive du fisc. L'exemption légale avait été demandée pour un groupe de maisons, dont les loyers étaient tous inférieurs au maximum indiqué par les lois et règlements. L'Administration des contributions directes s'y opposa parce que dans les quartiers où ces habitations étaient construites, les maisons semblables se louaient en général à un loyer supérieur. Dans son dernier rapport au Conseil supérieur des habitations à bon marché M. *Jules Challamel* a vigoureusement contesté le bien fondé de cette interprétation abusive, contraire au texte comme à l'esprit de la loi. Le principe posé par les agents du Trésor conduirait logiquement à taxer les habitations à bon marché d'autant plus cher qu'elles seraient plus salubres et que le loyer en serait moins élevé. « La conséquence de ce raisonnement, dit avec raison l'éminent avocat, serait l'impossibilité absolue, pour toutes les Sociétés que M. le Ministre du commerce a autorisées et pour celles qui viendront à leur suite, de faire œuvre utile et pratique, car elles ne pourront jamais être assurées que leurs maisons jouiront de l'exonération de l'impôt foncier et de l'impôt des portes et fenêtres promise par l'article 5. » Le caractère d'habitation à bon marché dépend du loyer réel fixé par le bail et non d'une estimation capricieuse et incertaine.

Les exemptions fiscales accordées par la législation belge sont les suivantes :

1) La loi exempte les ouvriers et anciens ouvriers incapables de travail, habitant les maisons construites, de la contribution personnelle et de toute taxe provinciale ou communale analogue. (Art. 10.)

2) Les ventes à des ouvriers de biens immeubles ne sont assujetties qu'à un droit fixe de 2 fr. 70 et au droit de transcription hypothécaire de 0,65 %.

Les actes de prêt et d'ouverture de crédit sont enregistrés moyennant un droit de 0 fr. 30 % s'ils ne sont contractés que pour une année au plus, et au droit de 0 fr. 65 % s'ils le sont pour plus d'une année. (Au lieu de 1 fr. 40 %.)

3) Les Sociétés de construction et de crédit jouissent des dispositions exceptionnelles suivantes :

a) Exemption du timbre et enregistrement gratuit des actes portant formation, modification ou dissolution de la Société. (Art. 12) ;

b). Le droit de timbre des actions et obligations est réduit à 10 centimes pour les actions de cent francs ;

c). Les ventes, adjudications, prêts, ouvertures de crédit, ne sont assujettis qu'à des droits extrêmement réduits.

Comme on le peut voir par l'énumération de ces divers avantages fiscaux, le législateur belge n'accorde pas l'exemption de la contribution foncière ; on redoutait en 1889 que cette exemption ne profitât qu'aux seuls propriétaires. Par contre, la remise de la contribution personnelle et de toute taxe provinciale ou communale, analogue a un caractère permanent ; le dégrèvement prévu par l'article 9 de la loi française ne doit durer que pendant une courte période de cinq années après l'achèvement de la maison.

Tandis que l'acheteur des maisons à bon marché ne jouit en France que de la faculté de fractionner, les paiements des droits d'enregistrement, la loi belge lui accorde une réduction considérable de ces mêmes droits. La disposition de la loi française, en vertu de laquelle les Sociétés d'Habitations à bon marché sont exemptées de la taxe des biens de mainmorte et de l'impôt sur le revenu des actions et parts d'intérêt, ne se trouve pas dans la loi belge.

Quoi qu'il en soit de ces petites divergences de détail, nous devons constater que les dégrèvements opérés par le législateur belge sont bien plus sérieux que les exonérations stipulées en France. Le Trésor belge subit de leur chef une perte annuelle assez sensible. D'après l'évaluation communiquée au Sénat belge dans sa séance du 24 décembre 1889, le rendement de la contribution personnelle seule est diminué annuellement d'environ 750,000 francs (1).

Ce n'est pas à dire que le but visé par le législateur belge soit complètement atteint, ou que la loi belge ait réalisé l'idéal vers lequel il faut tendre. Les constructions des maisons ouvrières autour des villes ont subi dans ces dernières années un brusque mouvement de recul. Le Comité de Saint-Gilles a reçu en 1896 une demande de certificats de moitié moindre que celle de 1895. La Société coopérative d'Ixelles et la Société de prêts d'Etterbeck accusent des tendances analogues.

Aux termes d'un excellent rapport soumis au Congrès de Bruxelles par MM. *Le Bon* et *Obozinski*, « à peine dix pour cent des maisons ouvrières construites autour des villes belges doivent être considérées comme remplissant le but qu'avait en vue le législateur en votant la loi du 9 avril 1889. Pour éviter l'amortissement trop élevé pour leurs faibles moyens,

---

(1) Cf. *Droulers*, La loi du 30 novembre 1894 ;... p. 217 et suiv.

Les ouvriers possédant quelques fonds s'adressent aux banquiers ordinaires des classes peu aisées, aux notaires. L'acte d'emprunt stipule la possibilité de remboursements partiels. Cette clause est généralement illusoire, et lorsque les années spécifiées pour le remboursement sont écoulées, « l'ouvrier n'a réalisé aucune économie » : le but de la loi est manqué.

Le projet luxembourgeois contient des exemptions fiscales moins parcimonieusement dosées, que les lois françaises et belges. Cette générosité trouve son explication dans la situation exceptionnellement prospère des finances du Grand-Duché.

L'article 5, § 1 accorde aux maisons à bon marché déjà construites comme à celles qui seront édifiées par la suite l'exemption complète et permanente de l'impôt foncier, centimes additionnels compris. Cette disposition entraînera une réduction immédiate du rendement de l'impôt foncier d'environ 45,000 francs. Ce sont surtout les populations rurales qui bénéficieront de cette libéralité.

Suivant pas à pas les dispositions de la loi belge du 9 avril 1889, le projet luxembourgeois en accentue encore le caractère libéral. Ses articles 7, 8, 9, 10 reproduisent les articles belges 12, 14, 15 et 16. L'article 18 de la loi belge a été omis à dessein ; cet article réduit, comme nous l'avons vu, à 10 centimes par fraction de capital de 100 francs, le droit de timbre sur les actions et obligations émises par les Sociétés d'Habitations à bon marché. Comme d'après la législation luxembourgeoise ordinaire ce droit n'est que de 5 centimes par 100 francs, la Direction de l'Enregistrement et des Domaines a estimé qu'il n'y avait pas lieu d'abaisser encore ce tarif insignifiant. Le projet luxembourgeois, ne prévoyant pas l'existence officielle de Comités de patronage, a pu omettre également l'article 19 de la loi belge.

Les ventes et adjudications d'immeubles destinés aux Habitations à bon marché, faites aux Sociétés dont s'occupe le projet ne sont soumises qu'au droit d'enregistrement réduit de 1 %, et au droit de transcription hypothécaire de 0,25 %. Le taux de droit commun est de 2,60 % pour l'enregistrement, et de 0,65 % pour les transcriptions hypothécaires. En Belgique le droit ordinaire correspondant est de 5,50, resp. de 1,25 % ; le droit réduit de la loi de 1889 est de 2,70 et de 0,55 %. Le droit ordinaire perçu dans le Grand-Duché sur les actes de prêts et d'ouverture de crédit est de 1,30 % (1,40 en Belgique). Ce droit est réduit par le projet au taux uniforme de 0,25 %, quelles que soient la durée et les garanties accessoires des prêts et des ouvertures de crédit. Les quittances des sommes prêtées, soumises en Belgique au droit de 0,30 % sont exemptées par le projet des droits de timbre et d'enregistrement.

Nous ne pouvons naturellement qu'applaudir à cette générosité de bon aloi des rédacteurs du projet luxembourgeois. Les Etats voisins, auxquels ils ont judicieusement emprunté des dispositions excellentes, n'hésiteront pas à leur tour à profiter des expériences, qui vont se poursuivre au Grand-Duché.

Il ne nous reste plus maintenant qu'à dire quelques mots d'une autre innovation de la loi française et du projet luxembourgeois, des modifications apportées au régime successoral par la législation sur les maisons à bon marché. Les articles 8 (français) et 12 (luxembourgeois) contiennent, d'après l'opinion compétente de M. Jules Challamel, les réformes les plus importantes et les plus fécondes ; leur généralisation et leur extension à tous les héritages contribueront à hâter la stabilité des patrimoines dans les familles.

IV

Régime successoral des maisons à bon marché.

Grâce à d'ingénieuses combinaisons législatives et à des sacrifices continués pendant toute son existence, le travailleur peut arriver aujourd'hui à la propriété de la maison qu'il habite. C'est là un résultat dont l'importance sociale ne peut être estimée à un trop haut prix ; ce n'est pourtant qu'un résultat insuffisant, qu'un début heureux. Le législateur, conscient des devoirs de sa haute mission, ne doit pas s'y arrêter. La maison acquise au prix de mille efforts, doit devenir non pas seulement le bien d'un individu isolé, si intéressant soit-il, mais la demeure, la propriété de la famille. Pour parer aux dangers de l'instabilité familiale et de l'émiettement individualiste qui est un des plus mauvais fruits de la grande tourmente révolutionnaire de 1789, les hommes d'État doivent favoriser le retour vers les fortes traditions du passé ; le foyer doit redevenir sacré et inviolable comme il l'a été aux époques les plus prospères de Rome, il doit redevenir le centre autour duquel gravitent l'existence et l'activité de la famille. La prospérité d'une nation est à ce prix.

Il faut empêcher que la mort ne vienne, en lui ôtant son chef, découronner et disperser la famille. L'appréhension de cette cruelle alternative hante sans cesse l'esprit du courageux travailleur qui lentement et péniblement économise les sommes nécessaires pour payer sa maison. Combien de fois n'arrive-t-il pas qu'après avoir peiné pendant vingt ou trente ans, le malheureux père doit constater avec terreur que toutes ses peines ont été inutiles, que la propriété acquise au soir de sa vie, ne dure que ce que durent les fleurs. Cette prévision paralyse ses efforts et le rejette dans l'incertitude. Il refuse de faire les sacrifices nécessaires pour arriver à la propriété puisque cette propriété disparaîtra à sa mort.

Discordias solet parere communio, dit un ancien brocart, confirmé par l'expérience des siècles passés. Qui a compagnon a maître, dit Loysel dans son langage précis et naïf. L'indivision engendre de nombreux dangers. Unissant malgré eux des individus aux caractères et aux besoins variés, aux aspirations et aux habitudes dissemblables, elle provoque d'innombrables querelles ; en subordonnant la gestion du bien indivis au consentement de tous, elle en empêche les plus utiles améliorations ; elle nuit au commerce en mettant obstacle à la libre circulation des biens.

Pour empêcher ces maux, le législateur de 1804 a réglementé l'indivision de la manière la plus sévère. D'après l'article 815 du code civil « nul ne peut être contraint de rester dans l'indivision et le partage peut toujours être provoqué nonobstant prohibitions et conventions contraires... » Le testateur ne peut imposer l'indivision aux légataires ; les communistes ne peuvent renoncer pour toujours au droit de demander le partage. C'est à peine si la loi autorise les intéressés à assurer l'indivision pendant le temps relativement court de cinq années. La doctrine hésite même à étendre aux prohibitions l'exception formulée pour les conventions.

Cette unique exception est insuffisante. La résistance d'un seul intéressé suffit pour y mettre obstacle. Le partage amiable devient lui-même impossible lorsque tous les cohéritiers ne sont pas présents, lorsque parmi eux il se trouve des mineurs ou des interdits et enfin lorsque l'accord ne peut s'établir entre les ayants-droit.

Le partage présente de nombreux inconvénients au cas où un cohéritier mineur ou interdit doit y prendre part. Il est vrai que la loi réserve l'action en partage des cohéritiers mineurs ou interdits aux tuteurs spécialement autorisés par le conseil de famille (art. 817 § 1) ; mais s'il y a un seul cohéritier majeur, il peut demander le partage sans autorisation ni formalités d'aucun genre. C'est alors qu'intervient l'article 838, destiné dans l'intention du législateur à protéger ceux qui ne peuvent se défendre eux-mêmes. « Si tous les cohéritiers, dit ce texte, ne sont pas présents, ou s'il y a parmi eux des interdits ou des mineurs, même émancipés, le partage doit être fait en justice... » La loi protège si bien le mineur qu'elle finit par l'écraser de sa lourde protection. Elle assure scrupuleusement l'égalité du partage, mais cette égalité est fort coûteuse. L'huître va au fisc et aux hommes de loi, les plaideurs involontaires n'ont guère que l'écaille.

L'impossibilité de maintenir l'indivision pour un temps plus ou moins long constitue un premier et grave inconvénient de notre législation successorale. Un inconvénient plus grave résulte des dispositions tant critiquées par Frédéric Le Play, qui empêchent la stabilité des patri- moines et produisent la dispersion de la propriété dont se plaignent tous les pays restés sous le régime de la législation napoléonienne. « Chacun des cohéritiers, dit l'article 826, peut demander sa part en nature des meubles et immeubles de la succession... » et l'article suivant ajoute : « Si les immeubles ne peuvent pas se partager commodément, il doit être procédé à la vente par licitation devant le tribunal... » Le premier alinéa de l'article 832 conseille d'éviter « dans la formation des lots et la composition des lots de morceler les héritages et de diviser les exploita- tions »; le second alinéa apporte à ce principe bienfaisant un correctif qui a fini par prévaloir sur la règle elle-même. « Il convient, dit ce texte, de faire entrer dans chaque lot, s'il se peut, la même quantité de meubles, d'immeubles, de droit et de créances de même nature et valeur... » La stabilité des patrimoines est sacrifiée à la chimère d'une égalité idéale, souvent impossible à réaliser.

Les deux inconvénients que nous venons de signaler se font sentir d'une manière spécialement dangereuse dans la liquidation des patrimoi- nes peu importants. Le coût de la licitation s'accroît en raison inverse de la valeur de l'immeuble licité. A sa mort, le propriétaire d'une maison rentrant dans les conditions des lois sur les habitations à bon marché laissera souvent des enfants mineurs ; la licitation devient nécessaire dès qu'il se trouve dans la famille un seul enfant majeur qui, imitant l'exem- ple donné par le prodigue de l'Évangile, vient demander sa part succes- sorale. La maison constituera généralement le seul bien à partager ; la vente en justice s'imposera encore de ce chef.

En facilitant l'acquisition des maisons à bon marché le législateur a dû prévoir ces fâcheuses éventualités et prendre des mesures en vue de maintenir le bien dans la famille. La loi française du 30 novembre 1894 déroge résolument aux prescriptions trop impératives de l'article 815 du code civil ; elle limite les cas où la licitation peut devenir nécessaire et attribue à la compétence du juge de paix les contestations auxquelles son fonctionnement pourrait donner lieu.

Le maintien de l'indivision est prévu par l'article 8 §§ 2, 3, 4 et 5 de la loi française et par l'article 12 du projet luxembourgeois. Ces articles prévoient deux hypothèses distinctes ; ils règlent la situation pour le cas où le *de cujus* laisse des enfants comme pour le cas où il meurt sans enfants.

« Si le défunt laisse des descendants, l'indivision peut être maintenue à la demande du conjoint ou de l'un de ses enfants pendant cinq ans, à partir du décès... » Ce texte pourrait prêter à une équivoque qu'il importe de dissiper de prime-abord. Tous les enfants du conjoint survivant ne peuvent évidemment pas demander le maintien de l'indivision ; ceux d'un premier lit n'ont pas ce droit. Seuls les enfants du *de cujus*, qu'ils soient nés du mariage que la mort vient de dissoudre ou d'un mariage antérieur, pourront se prévaloir de la disposition de l'article 8. La loi de 1894 s'applique aux petits-enfants et aux arrière-petits-enfants du défunt. Elle s'étend même aux enfants naturels depuis que la loi du 25 mars 1896 en a fait des héritiers au sens strict du mot. Il est certain que le législateur n'a eu en vue que les enfants légitimes et que l'intérêt familial semble devoir exclure les enfants naturels du foyer commun en présence ; des innovations de la loi de 1896, cette exclusion ne se concevrait pas. Les enfants adoptifs doivent être admis à réclamer le maintien de l'indivision.

La loi s'applique non seulement au cas du prédécès de l'acheteur ou du constructeur de la maison, mais encore au cas du prédécès de son conjoint, quoique la rédaction du paragraphe Ier de l'article 8 semble indiquer une solution contraire. Ce n'est d'ailleurs pas à proprement parler le conjoint prédécédé qui a passé l'acte ou fait la construction, mais bien la communauté qui de fait et de droit existait entre les deux époux. Il serait illogique et injuste de priver le constructeur ou l'acheteur d'un droit qu'on accorde à son conjoint. Le conjoint survivant ne peut se prévaloir de la faculté accordée par l'article 8 § 2 si au moment du décès du *de cujus* il n'habite pas la maison.

« Dans le cas où il se trouverait des mineurs parmi les descendants du défunt, l'indivision pourra être continuée pendant cinq années à partir de la majorité de l'aîné des mineurs, sans que sa durée totale puisse, à moins d'un consentement unanime, excéder dix ans. (art. 8 § 3).

La rédaction de ce texte est très fautive. Sa disposition finale laisse supposer que l'indivision pourra, au cas d'un accord unanime des intéressés, se prolonger pour une durée de plus de dix ans. Cette prolongation peut-elle être étendue indéfiniment ? L'indivision n'est pas le régime normal de la propriété ; elle constitue une période transitoire et passagère qui doit faire place à une propriété définitive. Le législateur ne peut l'imposer de force que pour un temps très court. Si les rédacteurs du code civil lui ont fait une place trop exiguë, il ne faudrait pas verser dans le défaut contraire et l'étendre démesurément. « Nos mœurs actuelles, a dit avec raison M. Challamel, s'accommoderaient mal d'un communisme familial que l'on aurait la prétention de substituer aux libres allures de la propriété individuelle. »

Le législateur de 1894 a indiqué implicitement le terme extrême de la durée de l'indivision. Elle ne pourra être maintenue que pendant toute la minorité de l'aîné des mineurs et pendant cinq ans à compter de sa majorité. A partir de cette époque l'indivision pourra encore être maintenue, mais il faudra, dans ce cas, se conformer au droit commun, indiqué par l'article 815 § 2 du code civil. Certains auteurs ont indiqué la majorité du mineur le plus jeune comme étant-le terme extrême du maintien possible de l'indivision. Cette opinion se base sur les travaux préparatoires de la loi de 1894. « Nous proposons, disait l'exposé des motifs, de permettre l'indivision tant que parmi les ayants-droit figureront des mineurs, afin que cette opération si grave (le partage) n'ait lieu qu'entre gens majeurs, libres de leurs droits, capables d'arranger leurs intérêts à l'amiable. » L'article 11 du projet soumis au sénat français prévoyait le maintien de l'indivision jusqu'à la majorité du mineur le moins avancé en âge. Cette disposition très sage n'a pas été adoptée.

D'après le texte définitivement adopté l'indivision peut être maintenue jusqu'à ce que l'aîné des mineurs ait atteint sa vingt-sixième année. Les commentateurs de la loi se sont efforcés pour découvrir les raisons qui ont pu pousser le législateur à choisir cette limite plutôt qu'une autre. Leurs recherches ont été vaines. Aucune bonne raison ne peut être invoquée pour justifier cette limitation arbitraire ; il est impossible de voir à quelles préoccupations et à quelles dates ce terme doit correspondre.

La proposition faite par les auteurs du projet était raisonnable et claire ; en donnant la faculté de maintenir l'indivision jusqu'à la majorité du mineur le plus jeune, elle permettait d'opérer le partage entre personnes majeures et maîtresses de leurs droits. Pourquoi faut-il que l'indivision devienne impossible au cas où elle pourrait présenter le plus d'avantages ? L'indivision empêche les ayants-droit de demander le partage immédiat ; elle leur laisse la faculté de vendre leurs droits successoraux à qui bon leur semble. L'acheteur de ces droits devra évidemment respecter le jugement d'indivision. Cette vente est d'autant plus licite que l'exercice du retrait successoral conduira facilement à l'attribution de la maison à l'un des cohéritiers (article 841 du code civil).

Le maintien de l'indivision est prononcé par le juge de paix. S'il y a des mineurs ou des interdits le conseil de famille doit être entendu en son avis. « Dans ces divers cas, dit la loi, le maintien de l'indivision est prononcé par le juge de paix après avis du conseil de famille. » Ce texte paraît viser également le cas où parmi les ayants-droit il n'y a que des majeurs. Le conseil de famille ne doit être réuni que si les intérêts des mineurs l'exigent. L'article 12 § 5 du projet luxembourgeois a comblé la lacune qui existe dans la loi française.

L'indivision étant une situation exceptionnelle, essentiellement temporaire, ne peut être maintenue pendant une durée illimitée. Elle prend fin à l'échéance d'un certain délai ou par la volonté des intéressés. La maison sera t elle alors soumise au droit commun, qui généralement en prescrira la licitation ? Le législateur a dû, sous peine de faire œuvre vaine, prévoir et régler cette éventualité.

D'après l'article 8, § 6 de la loi du 30 novembre 1894 « chacun des cohéritiers et le conjoint survivant, s'il a un droit de copropriété, ont la faculté de reprendre la maison sur estimation. Lorsque plusieurs intéressés veulent user de cette faculté, la préférence est d'abord accordée à celui que le défunt a désigné, puis à l'époux s'il est copropriétaire pour moitié au moins. Toutes choses égales, la majorité décide. A défaut de majorité il est procédé par voie de tirage au sort. S'il y a contestation sur l'estimation de la maison, cette estimation est faite par le comité des habitations à bon marché, et homologuée par le juge de paix. Si l'attribution de la maison doit être faite par le juge, la majorité ou par le sort, les intéressés y procèdent sous la présidence du juge de paix, qui dresse procès-verbal de ces opérations. »

Ces solutions sont très équitables. La licitation est écartée dès qu'un seul intéressé demande l'attribution de la maison. Le foyer familial est conservé dans la famille du défunt même si un étranger offrait un prix supérieur à celui que proposent les parties intéressées. L'égalité qui est la condition indispensable de tout partage successoral n'est pas compromise par cette attribution sur estimation ; l'attributaire doit dédommager et indemniser ses cointéressés d'une manière ou d'une autre. Peut-être aurait-on réalisé quelques deniers de plus en procédant à la vente par licitation. Encore faut-il tenir compte des frais élevés qu'entraîne toute opération de ce genre.

« La question d'argent, dit avec raison M. Jules Chalamel, n'est pas seule en cause. Il est conforme à l'intérêt de la famille tout entière qu'un des héritiers reprennent la maison paternelle, et, n'eût-il même d'autre souci que son avantage personnel, il entendra la leçon que lui donne la possession continue du foyer qui l'a vu grandir. »

La conservation du patrimoine l'a emporté sur les considérations théoriques qui guidèrent les rédacteurs du code civil. C'est là une réforme de bon aloi que le législateur a introduite en raison des graves intérêts économiques et sociaux qui se trouvent engagés dans tout partage familial. La solution adoptée par la loi du 30 novembre 1894 se justifie par tous les arguments invoqués par les partisans du *Homestead*. L'attribution de la maison à un cohéritier ou au conjoint fait des descendants du *de cujus* les véritables continuateurs de sa personnalité juridique et morale. Le foyer familial restera le lieu de réunion de tous les membres de la famille, le centre autour duquel rayonneront les intérêts de toutes les personnes issues du même auteur. Le bien social ne peut que gagner à cette bienfaisante stabilité.

L'attribution de la maison au conjoint survivant lésera peut-être les prétendus intérêts pécuniaires des enfants. Mais qu'est cet inconvénient insignifiant en présence des nombreux avantages que cette attribution procure au point de vue moral ? Les deux conjoints ont travaillé pendant toute leur vie pour acquérir ou pour conserver la maison familiale. Il aurait été cruel et inhumain de détruire par un texte législatif l'expectative du conjoint survivant. En omettant d'indiquer son successeur, le défunt a implicitement exprimé le désir que la propriété de la maison soit conservée à son conjoint.

Pour que le conjoint puisse demander l'attribution de la maison, la loi exige que le défunt n'ait pris aucune mesure avantageant l'un ou l'autre de ses descendants, que le conjoint habite la maison au moment de l'ouverture de la succession et enfin qu'il soit propriétaire au moins pour moitié. « Cette condition, écrit un commentateur de la loi française, sera remplie le plus souvent. Les personnes qui sont appelées à bénéficier de la nouvelle loi, n'apportent généralement, en se mariant, aucune dot ; elles ne font pas de contrat, et alors les biens qu'elles acquerront pendant leur mariage, seront régis par les règles de la communauté légale, c'est-à-dire qu'ils appartiendront, à la dissolution, à chacun des époux pour moitié (1). »

Le défunt est mieux placé que personne pour désigner celui qui doit après lui posséder le foyer commun. Connaissant les aptitudes particulières de chacun de ses héritiers, il peut se prononcer sur la désignation de celui qui continuera mieux que tous les autres, les traditions familiales et maintiendra au foyer son véritable caractère et sa plus utile destination. L'article 8 § 6 rend hommage à l'autorité du père de famille

____

(1) Millet : La loi du 30 novembre 1894, p. 110 ; Challamel : Rapports faits aux Congrès de Bordeaux et de Bruxelles. Bulletins de la Société de législation comparée janvier 1895 ; Réforme sociale, février 1896, p. 274, ss.

et rompt avec les principes trop absolus du code civil. Il indique la voie dans laquelle doivent s'engager les législateurs postérieurs.

Si le défunt n'a pas désigné son successeur et si le conjoint survivant ne demande pas l'attribution de la maison, la majorité des ayants-droits décidera de l'attribution définitive. Si cette majorité ne peut être atteinte, on procède par voie de tirage au sort. Le sort est aveugle et désignera peut-être parmi tous les héritiers celui qui est le moins apte à gérer le bien familial dans un sens conforme aux traditions. Le législateur a dû recourir à ce moyen extrême pour empêcher les frais qu'entraînerait tout autre mode de terminer le différend. Le montant du prix offert par les attributaires est d'un intérêt secondaire. Ce n'est pas à dire que l'attribution de la maison doive être faite sous des conditions désavantageuses pour les cohéritiers intéressés. L'estimation doit être faite sérieusement et équitablement, au mieux des intérêts de tous. Si les intéressés ne peuvent s'entendre au sujet du prix, le comité local des habitations à bon marché est appelé à trancher la difficulté. Le jugement de ce comité, composé des personnes les plus compétentes et les plus désintéressées, présente toutes les conditions désirables d'impartialité et de justice. Le projet luxembourgeois ne prévoit pas l'institution des comités locaux; il renvoie en conséquence les contestations relatives à l'estimation de la maison au jugement d'experts désignés *ad hoc*. Leur sentence est homologuée par le juge de paix.

Au cas du concours d'une demande en attribution de la maison et d'une demande en maintien de l'indivision, le juge de paix doit, d'après l'article 44 § 2 du règlement d'administration publique du 21 septembre 1895, se prononcer en faveur de l'attribution immédiate de la maison au demandeur qui se trouve dans les conditions prescrites par la loi. Cette solution est équitable; elle écarte les querelles auxquelles donnerait lieu une indivision qui dès le début ne serait acceptée qu'à contrecœur.

Le décret de 1895 n'a fait qu'interpréter les dispositions légales. L'indivision est le moyen, l'attribution est le but que le législateur avait en vue.

Les attributaires de la maison ouvrière posséderont rarement des ressources suffisantes pour indemniser immédiatement leurs copartageants. Le paiement des soultes sera moins difficile au cas où la maison aura été attribuée au conjoint. Celui-ci possède la moitié de l'immeuble, et le quart en usufruit. Si donc la maison a une valeur d'estimation de 3,000 francs, il n'aura à débourser directement que 750 francs. La situation change si au lieu du conjoint, c'est un des descendants du défunt qui se porte attributaire de la maison. La moitié de la maison appartient généralement au conjoint par suite de la communauté légale qui a existé entre lui et le défunt. Les autres descendants réclameront leur part successorale. A ces débours considérables, il faut ajouter les frais de succession et les droits de soulte.

L'entente bénévole des intéressés résoudra le plus facilement ces diverses difficultés. A défaut de cette entente, le tribunal peut toujours accorder au débiteur le délai de grâce prévu par l'article 1244 du code civil. La créance est suffisamment protégée par le privilège des copartageants ; la valeur de la maison est toujours supérieure aux sommes dues par l'attributaire, et la situation du débiteur est digne d'intérêt.

Au congrès d'Anvers un conseiller à la Cour d'appel de Bruxelles, M. Stinglbamber avait proposé d'autoriser le paiement des parts héréditaires sous forme de rentes perpétuelles, rachetables et fixées à un taux modéré. Cette mesure porte atteinte à l'égalité qui doit régner dans les opérations de liquidation. Son auteur lui-même a fini par y renoncer et s'est rallié à la proposition émanée d'une autre sociologue belge, M. Georges Vandenrydt, qui fait intervenir les Sociétés d'habitations ouvrières et la Caisse d'épargne. La pratique suggérera dans les divers pays les combinaisons financières les plus avantageuses.

La loi du 30 novembre 1894 et le projet luxembourgeois font rentrer dans la compétence des justices de paix la solution des contestations auxquelles donne lieu l'application de l'article 8 sur le maintien de l'indivision et sur l'attribution de la maison à bon marché. Cette compétence se justifie par des raisons d'économie et de célérité. Elle a l'inconvénient de disjoindre les questions successorales, de laisser les unes à la juridiction ordinaire des tribunaux civils, les autres à un tribunal d'exception.

Cette disjonction pourra provoquer certains conflits de juridiction. Souvent la question de l'attribution de la maison ouvrière ou du maintien de l'indivision se compliquera d'une demande alimentaire relevant du tribunal civil. M. Jules Challamel a développé les conséquences juridiques qui peuvent découler de la juridiction attribuée aux justices de paix. Nous ne pouvons que renvoyer nos lecteurs à l'éloquent et savant commentaire du distingué jurisconsulte. La compétence du juge de paix est moins critiquable au Luxembourg qu'en France. La justice de paix a été réorganisée au Grand-Duché sur des bases plus larges et plus vastes. La procédure des demandes en maintien de l'indivision et des demandes en attribution est réglée par les décrets d'administration publique, qui varient d'après les différents pays.

***

L'article 8 de la loi française et l'article 12 du projet luxembourgeois n'ont pas d'équivalent dans les lois belges. Les projets présentés au Parlement belge dès l'année 1891, par MM. Van der Bruggen, Moreau, de Smet de Nayer, etc., n'ont pas encore reçu l'approbation législative. Ils réalisent des réformes analogues à celles de la loi française du 30 novembre 1894.

La révolution opérée par la loi Siegfried ne doit pas rester limitée aux seules maisons à bon marché. La loi du 3 mars 1896 en a déjà étendu le bienfait aux maisons construites antérieurement à la loi, qui se trouvent dans les conditions indiquées par l'article 5. Ce n'est là qu'un progrès insuffisant et inefficace. L'article 8 devra s'appliquer à toute habitation, à tout immeuble, à toute chose impartageable en nature quelle qu'en soit l'importance. L'exploitation que le père de famille a constituée, doit pouvoir passer aux enfants telle qu'il a voulu la leur laisser.

« Légiférer d'une manière exclusive pour les ouvriers, a dit M. Jules Challamel au Congrès de Bruxelles, c'est commettre le plus étrange des anachronismes, ou la plus sotte des flatteries. Légiférer spécialement pour les petites gens, pour les humbles, quelle que soit d'ailleurs leur profession, c'est commettre une erreur non moins grave. La justice et le droit ne sont pas différents selon la fortune dont on dispose. Il n'y a de liberté véritable que dans le droit commun. » « Aux États-Unis, écrit M. Paul Bureau, toute loi qui ne s'appliquerait qu'à la partie la moins aisée de la population serait inadmissible et injuste. Puisque le législateur se préoccupe de conserver un abri à la femme et aux enfants mineurs, le sort de ces dernières personnes n'est pas moins intéressant parce qu'elles ont à un moment donné goûté les charmes de l'opulence ; on pourrait même soutenir qu'il l'est davantage (1). »

On tend malheureusement aujourd'hui à trop oublier que la société doit s'occuper également de l'intérêt des diverses classes dont elle se compose. La justice distributive exige que tous les citoyens jouissent également des bienfaits de la communauté ; tous ont un droit égal à la protection des lois.

Malgré les imperfections inhérentes à toute œuvre nouvelle, la loi française a réalisé de bienfaisantes et de sages réformes. La pratique a montré les corrections qu'il convient d'y apporter. Venant après la loi

(1) Paul Bureau, *Le Homestead*, p. 130.

française, la loi luxembourgeoise devra tenir compte des desiderata exprimés par les commentateurs de la loi du 30 novembre 1894.

Le paragraphe 1er de l'article 12 doit écarter l'équivoque résultant de ce que le constructeur ou l'acquéreur de la maison semble exclu du droit de demander le maintien de l'indivision ou l'attribution de la maison à bon marché. Pourquoi ne tiendrait-on pas compte, dans la rédaction des paragraphes suivants du même article, des modifications proposées par M. Challamel au Congrès de Bruxelles. Le savant jurisconsulte a proposé de remplacer la rédaction peu précise et illogique de ces dispositions par le texte suivant : « L'indivision peut être maintenue, à la demande du conjoint ou de l'un des enfants ou descendants, pendant cinq ans au plus à partir du décès. Ce délai peut même être étendu jusqu'à dix ans, s'il y a des enfants ou descendants mineurs et que le plus jeune ait déjà atteint sa onzième année. »

Cette rédaction se rapproche du projet soumis au Sénat français. Ce texte accordait pour le cas où parmi les ayants-droit il se trouvait des mineurs, la faculté de maintenir l'indivision jusqu'à ce que le mineur le plus jeune ait atteint sa vingt-et-unième année.

L'adoption de ces changements améliorerait le projet de loi soumis à la Chambre luxembourgeoise. Le législateur grand-ducal ne doit pas s'arrêter à mi-chemin ; il doit tenir compte des expériences faites par les pays étrangers et en tirer profit. Il faut d'ailleurs convenir que le projet tel qu'il est sorti des travaux préparatoires et des délibérations du Conseil d'État, mérite toute la sollicitude des représentants du peuple luxembourgeois.

9 782019 670467